[澳大利亚]莱斯利·霍姆斯 著　胡伍玄 译

腐败

牛津通识读本·

Corruption

A Very Short Introduction

译林出版社

图书在版编目（CIP）数据
腐败 /（澳）莱斯利 · 霍姆斯（Leslie Holmes）著；
胡伍玄译．—南京：译林出版社，2019.11
（牛津通识读本）
书名原文：Corruption: A Very Short Introduction
ISBN 978-7-5447-7069-9

I.①腐… II.①莱… ②胡… III.①反腐倡廉 - 研
究 IV.①D035.4

中国版本图书馆 CIP 数据核字（2017）第 227249 号

著作权合同登记号　图字：10-2016-181 号

This bilingual edition differs slightly from the English-language edition, which was originally published by Oxford University Press.

腐败［澳大利亚］莱斯利 · 霍姆斯 / 著　胡伍玄 / 译

责任编辑　於　梅
装帧设计　景秋萍
校　　对　王　敏
责任印制　董　虎

原文出版　Oxford University Press, 2015
出版发行　译林出版社
地　　址　南京市湖南路 1 号 A 楼
邮　　箱　yilin@yilin.com
网　　址　www.yilin.com
市场热线　025-86633278
排　　版　南京展望文化发展有限公司
印　　刷　江苏苏中印刷有限公司
开　　本　635 毫米 ×889 毫米　1/16
印　　张　18.5
插　　页　4
版　　次　2019 年 11 月第 1 版　2019 年 11 月第 1 次印刷
书　　号　ISBN 978-7-5447-7069-9
定　　价　39.00 元

序言

汪丁丁

经济的长期发展，有据可查的三千年世界经济史，在历史的“局外人”视角下，表现出两大模式。其一称为“稳态”，以1800年人均GDP为1单位，公元前1000年至公元1850年，大致围绕1单位波动，史称“马尔萨斯陷阱”。另一模式称为“过渡态”，1850年以来，被纳入“全球资本主义”潮流的地区，人均收入迅速攀升至12单位。尚未被纳入这一世界潮流的地区，人均收入依旧围绕1单位波动。也因此，这一模式又称为“大分流”。

上述的三千年世界经济史，在历史的“局内人”视角下，各区域之间有显著差异。人口稠密的区域，五百年兴衰，人去楼空，断瓦残垣。人烟稀少的区域，车水马龙，兴旺发达。究其原因，良治社会激活企业家潜能，是经济发展的通例。首先是“斯密-杨格”定律，由下列环节构成的良性循环：（1）劳动分工与专业化，千百倍地提高了劳动生产率，被称为“国民财富的源泉”；（2）分工与专业化的深度，受制于市场的广度；（3）市场的广度，依赖于货币收入购买力的增长，货币收入购买力随劳动生产率的提高而上升。

因此，其次是“奈特–诺斯”命题：“政治的和经济的企业家精神是人类社会演化的核心驱动力。”这里的企业家精神同时表现为三大特征——敬业、合作、创新。发展的关键环节是市场广度的拓展，依赖于社会成员身上蕴含着的企业家精神在多大程度上被激活。良治，被定义为能够充分激活社会成员身上蕴含着的企业家精神的社会过程，有下列三项特征：（1）足够广泛的产权保护。这里，受到保护的，不仅限于君主和贵族的产权，而且扩展至平民百姓的产权。商鞅变法，取信于民而后效。保护产权是承诺，是社会契约，非有足够广泛的信任感而不能生效。足够广泛的社会信任，固非一日之功，却可毁于一旦。人心惟危，道心惟微，这是复杂社会的通例；（2）充分自律的精英群体。“充分自律”可定义为“使足够广泛的社会成员有尚且满意的发展机会”。“精英”可定义为“对具有根本重要性的问题保持足够的敏感性并且被社会认为是重要的故而拥有社会权力的社会成员”。精英可能丧失对于具有根本重要性的问题的敏感性却依旧拥有社会权力，同时，未获得社会权力的社会成员可能对具有根本重要性的问题保持敏感性。这样的错位，称为“精英错位”，常见于转型期社会，也常成为社会瓦解的主因；于是，（3）足够高的社会纵向流动性。这里，“足够高”的含义是，首先，精英群体得以吐故纳新，从而长期保持对具有根本重要性的问题的敏感性。其次，社会各群体不致固化为“阶级”，从而不致形成摧毁社会根基的“阶级斗争”。

这本小册子，题为《腐败》，其实必须嵌入上述的整体框架之内，才可凸显它的意义。官员随意侵夺社会普通成员的产权，是腐败。利益群体操纵公共政策和立法机构以寻求超过公平份额的租金，是腐败。大公司运用市场权力阻碍公平竞争，是腐败。交易不诚，可演化为腐败。学术不端，可演化为腐败。假天下之名以谋私利，可演化为腐败。千里之堤毁于蚁穴，非正心诚意而不能免于腐败。惟不忘初心最难，是以，在野党转而为执政党，最难免于腐败。又诛心最难，是以，抵制腐败，与其诉诸思想改造运动，远不如诉诸制度更为有效。然而，制度与行为，二者相辅相成，共生演化。广义而言，制度是群体行为之规约。有天下大同的群体行为，有退而求小康的群体行为，未见有悖于群体行为而能运行之制度，故而，在人类演化的目前阶段，“六亿神州尽舜尧”固不可求，遂常见与小康群体行为匹配的社会制度。此中深意，留待读者“沉潜往复，从容含玩”。

谨以此书怀念我的岳父——廉洁、无私的周实民先生

目 录

前　言

今天这个时代，在一周的任何一天，翻开任何一个国家的任何一份报纸，几乎都能发现腐败丑闻的报道，甚至不止一起。2010年底和2011年底，以英国广播公司的名义进行了两次调查，分别涉及26个国家（2010）和23个国家（2011）的2.4万多人；结果显示，腐败是全球公众谈论最多的话题，排在极度贫困、失业、食品和能源涨价、气候变化以及恐怖主义之前。这些民意调查发起时，大多数国家仍处于2008年全球金融危机的余波中，调查结果表明了腐败对当代世界的重要影响。实际上，盖洛普国际调查联盟之后（2013）又对69个国家的近7万人进行了另一项调查，进一步印证了这一结论，此项调查将腐败列为全球头号难题。

不论是在发展中国家、转型国家，还是在发达国家，越来越多的国民开始意识到腐败的严重负面影响，并要求当局采取行动。无视这些要求的政府，有可能自食其果。例如，2014年初乌克兰雅努科维奇政权被推翻，主要原因就在于公众感受到了高度的腐败而心生怨恨；再比如2013—2014年泰国发生的民众骚乱，造成大量人员伤亡，政府也被推翻。类似的例子不胜枚举。

直到比较晚近的时候，即1990年代中期以来，国际社会才开始充分认识到腐败具有破坏作用，有可能造成毁灭性影响。也正因为这个问题如此重要，我才起意要撰写这一通识读本。

腐败研究无法边界清晰地被强行归入某一学科，本书的分析虽然篇幅不长，却用到了人类学家、犯罪学家、经济学家、历史学家、法学家、政治学家和社会学家的成果。不过，目前关于该主题的讨论范围极广，影响人数众多，如果只考察学者们的成果，那就大错特错了。书中同样考察了国际组织、非政府组织和其他领域反腐实务人员的重要贡献。

笔者研究腐败问题并从事此项教学已有30年上下，对于所有帮助我加深理解这一复杂现象的人们，逐一感谢是不可能的。这里我想特别感谢我在墨尔本、华沙和博洛尼亚教过的数百名研究生，在过去的许多年里，他们向我提出棘手的问题，与我分享关于腐败的经验和知识。也要感谢此项写作计划的四位匿名审稿人，若不是他们，本书的错误和疏忽就不止眼前这么多了；当然，对于眼下仍然存在的疏漏，责任完全在我。感谢澳大利亚研究委员会在近30年的时间中提供的可观资金，让我得以从各个方面研究腐败；感谢牛津大学出版社的安德里亚·基干、埃玛·马和珍妮·努基在此项写作计划付梓成书过程中提供的所有帮助。最后，感谢夫人瑞贝卡，她的爱和扶持一直不曾间断；在我长时间投身于研究工作、无比频繁地奔走于海外时，她的宽容和理解让我感激不尽。

莱斯利·霍姆斯

2014年8月

iii

第一章

何为腐败?

自有人类以来，腐败就一直存在，并且一直是个难题。罗马帝国之所以衰落，腐败和一般性的道德腐朽被归结为主要原因，与此同时，为回应天主教会中被视为腐败的各种问题（包括不正当地兜售赎罪券），宗教改革以同样的广度兴起了。

从传统意义来看，腐败指的是道德上的瑕疵。这个词本身的拉丁语词源意指“糟蹋、污染、滥用或毁坏”，具体取哪种意思依上下文而定。许多世纪以来，腐败观念已经发生变化，在不同文化中也有不同含义。在宽泛意义上，腐败被用来形容对规范的任何不正当的偏离；在过去，以及今天的伊朗等一些国家，这一点通常与宗教规范相关。当代英语中已罕有此种用法，今天这个词主要指与个人的公共职务相关的不当行为，而我们这本小书的关切正在于此。不过，对于什么是不当行为，甚至什么才叫公共职务，是有争议的。围绕着腐败在当今的含义产生的各种争论，是本章的核心内容。 1

当前关于腐败定义的争论

反腐方面的努力面临的一个重要问题是，分析人士无法就什么是腐败完全达成一致。一种极端观点宽泛地认为，腐败和美一样，都取决于注视者的目光。另一种极端观点从法律角度看问题，认为只有法律明确规定为腐败的行为或疏忽才是腐败。

这种定义上的混乱可以从两个重要的例子中窥见一斑。首先，在联合国自称的“唯一具有法律约束力的全球反腐工具”，即《联合国反腐败公约》（UNCAC）中，就没有对腐败进行定义。个中原因，主要在于公约的制定者们无法就定义达成一致。其次，世界上主要的反腐败国际非政府组织，即透明国际（TI），在20世纪的大多数时间内一直使用**两个**定义，而现在却变得态度模糊。在该组织广为人知的调查结果，即每年一度的腐败印象指数（CPI）中，直到2012年使用的都是引述最广的那个定义，即“为获取私利而滥用公职”。这一定义与世界银行等许多机构采用的定义相近，甚至完全一致。但是在所有其他场合，透明国际又将腐败定义成“为获取私利而滥用受托的权力”。两个定义之间的最大差别是，前一个要求涉及国家公职人员，后一个（同时得到了国际刑警组织的认可）则更为宽泛，把诸如私人公司的高级行政人员，甚至纯粹发生于私人企业内部（公司对公司业务，见图1）的败德做法也确定为腐败行为。2012年，透明国际不再在腐败印象指数中为腐败下定义（不过在2013年指数的文字部分，它又“评估了公共部门的印象腐败程度”），此举反映了这方面的一般性混乱。

图1　公司对公司业务：有些人更愿意对腐败作宽泛界定

遗憾的是，即使是透明国际的第一个定义，即狭义界定，也可以作多种解释。“滥用公职”是仅限于本质上属于**经济方面的**不当行为（有时称为“现代”腐败），比如挪用公款和接受贿赂，还是也包括人们有时所称的**社会方面的**不当行为，或者说“传统”腐败，比如任命亲属（任人唯亲）、朋友或同僚（任用亲信）担任公职，虽然他们并不是最佳人选？政党，尤其是在立法机构中没有席位的政党，算不算占据公职？如果不算，能否以这种狭义界定来指控其腐败？

近几十年来，随着新自由主义思潮蔓延全球，“公共职务”一

3 词面临的另一个问题变得越来越突出。作为一种意识形态，新自由主义提倡弱化国家角色，强化市场作用。它的一个核心特征是，模糊“公共”与“私人”之间的界限。现在，许多国家都把一度由自己承担的任务外包出去，公众却仍然认为这是国家的职责。例如，以往监狱几乎毫无例外由国家负责运行，而现在，越来越多的监狱由私人公司与国家签订合同来运行。如果私人公司雇用的看守人员受贿后让毒品流入服刑人员手中，按照狭义界定，他们是否构成腐败？这样的人占据的是**私人**还是**公共**职务？我们的看法是，如果国民普遍认为某个职务最终应由国家负责，则滥用此职务牟取个人或团体好处就是腐败。

“私人利益”一词同样远不够明确。国家工作人员受贿而中饱私囊即是腐败，对此无人怀有异议。但是，那些任职于政党的人以组织名义接受性质模糊的捐款，同时表面上看起来又没有获得直接**私人**好处的呢？这个例子不像第一个那么一目了然，众人看法各异。

写到这里，应该容易看出的是，对于腐败的一般定义以及如何确定某种行为或某种不作为（疏忽）是否构成腐败，各种不同看法的形成一般都有充足的原因。下面我们来看看这些原因。

腐败观念存在差异的原因

对腐败之所以有不同解读，其中一个原因来自文化。这里，文化可以定义为特定社会中主流的信仰、态度和行为模式，可能与这个社会的主要宗教有关，不论该国曾是殖民地还是宗主国。
4 简单地说，文化深受传统和历史的影响。对于不同腐败观的文化解释，一个例子是，之前提到的“经济”或“现代”腐败一直被称为“西方式”腐败，“社会”或“传统”腐败则被称为“亚洲式”腐败。与社会科学中的许多标签一样，这两个称谓都有问题，会产生严重误导。比如有人声称，提携反哺和庇护关系在亚洲诸社会中很典型，而它们在这些社会——据说——都不算腐败。这种说法至少存在两个严重问题。

首先，对于提携反哺和庇护关系算不算腐败，亚洲各国的主流看法并不相同。比如在新加坡和柬埔寨，看法就不一样。在“西方”，这方面的看法同样有分歧。英语国家和北欧的多数腐败研究专家认为庇护关系是腐败的一种形式，而多数意大利专家不同意这一点。事实上，许多国家进行的民意调查显示，即使是关于何为腐败的“主流看法”，往往也会引起误导。在20世纪末和21世纪初，世界银行在不同国家进行了“诊断式调查”，其中包括一些想象出来的情境，受访者被问及是否认为这些情境是腐败的例子。在许多情况下，受访者的观点分歧很大。面对这些调查结果，“俄罗斯人”或“英国人”对腐败所见略同之类的假设就成问题了。此外，也不应该仅仅因为某国政府发言人声称“这不是腐败，只是我们文化的一部分”，就假定多数国民也这么认为。同样有调查显示，许多国民**的确**认为某种行为是腐败，并且无法原谅，但他们却感觉无力挑战精英的看法；那些精英之所以坚持认为这种行为是文化的一部分，不过是在为自己成问题的行为辩护。第二种反驳意见甚至更有说服力，它声称西方也有很多“传统”腐败，而亚洲也不乏“现代”腐败。

下面我们不妨来看一个例子，其中四个国家对人际关系的看法一般被视为文化差异。作为考察对象的四个词分别是俄罗斯人的“布拉特”(*blat*)[①]观念、中国人的“关系”观念、美国人首先提出(现在日益全球化了)的“结网”观念,以及英国人(主要是英格兰人)的“校友裙带”观念。

俄语的“布拉特”一词近年来语义有所变化,在苏联时期指的是人与人之间的一种非正式协议,即以金钱之外的交换来互相帮助。布拉特接近于物物交换的观念,是在耐用和非耐用消费品普遍短缺体制下的一种变通做法。一个农民可能会与电工谈妥,为后者连续两年提供鸡蛋和鸡肉,以换取他为自己的破旧农舍重新接上电线。不过,物物交换只是人和人之间的一种交换形式,布拉特则指形成私人关系,尤其是会让当事人彼此产生信任感和互惠感。

中国的“关系”观念也是指个人或群体之间产生的关联,涉及一种潜在的、长期的相互责任,即互惠互利。我可能以某种方式帮助了一个中国人,从而与他生出友谊或达成工作关系。那个人会感到有义务在未来的某个时刻,也许是多年以后,还我的人情。此人不会忘记我曾有恩于他。

“结网”这一概念正日益普及,它涉及确立非正式的关系,以便为当事各方带来好处。如果我与商务会议或学术会议上认识的人套近乎,心里最终想的是哪天可以从这种接触中求得方便,我就是在试图以关系(可能只是很弱的关系)为基础,而不是完全以我的资历条件来影响那个人。这一条可能算是此处分析的

四种非正式关系中最不受诟病的一种,但是从广义来看,它仍可

① 俄语中的俚语,意为“拉关系、贿赂”。——书中注释均由译者所加,以下不再一一说明。

视为腐败的一种形式。

很多人反对把“结网”与腐败扯上关系，英国的“校友裙带”概念则不一样，引起了广泛批评。那些可能连面都没见过的人却给彼此以优待，原因只不过是都上过英国一个小圈子的精英学校。比如，甲、乙和丙都上过显赫的公学（即最顶级的私立学校）。丙在求职，他与乙相识，乙于是鼓动与丙不曾谋面的甲录用丙，即使丙并不是最称职的人选。此处考察的四种非正式关系中，“校友裙带”是最排外的；如果幼年时不曾上过这些精英学校中的某一所，则绝无可能挤入那个内部圈子。此种关系与前三种的重要区别就在这里，它也最容易被列为腐败的一种形式。

对于这四种非正式关联，要强调的主要一点是，虽然互有区别且与特定文化相关，四者之间其实有共通之处。所有四种关系都会区分出自己人和局外人，让自己人享受优待。所有四种关系都被社会上的部分成员视为腐败，虽然相比于在中国批评“关系”的人和在美国质疑“结网”的人，在英国认为“校友裙带”不够正当的人要多得多。总之，文化差异是存在的，但一般没那么大。

当然，从狭义来看，只要上述几种关系不涉及国家公职人员，就都不算腐败。宽泛定义则使门户大开，人与人之间的所有关系，甚至是友谊，也可以称为腐败；这就是本书倾向于从狭义来界定腐败的一个主要原因。 7

除了文化因素，还有另一个问题：对腐败的定义不同，适用的司法管辖权也不同。这一点可以部分地由文化差异来解释并与之关联，但还有其他原因。主要原因在于立法环境的不同，比如立法者征询了不同专家的意见。在开放和民主的社会，立法可能是议会内外各种群体妥协的结果，各种利益纳入考量的优先顺序在每个社会也有不同。在威权体制下，这种解释就不大可能适用。威权体制通常比民主体制更为腐败，统治精英的选择一般是，或者不进行明确的反腐立法，从而不作法律上的界定，或者有意使此类法律含混不清。他们想维护自己的特权地位，宁愿不制定可能被用来削弱这些特权的法律。

最后一个原因是，分析人士有时是出于方法论上的原因而采用狭义界定的。比如，德国的一位知名学者在一项分析中决定把腐败主要定义为贿赂，因为这样更为直接、概念清晰，不用把社会腐败等更有争议的内容包括进来。

腐败的分类

在详细讨论本书对腐败所持的主要观点之前，有必要考察一下分析人士对不同类型的腐败进行分类的部分方法。

阿诺德·海登海默通常被尊为腐败比较研究之父，这位学者从“多数国民的看法可能与精英不同”这一点出发，把腐败颇为有用地区分为“黑色腐败”“白色腐败”和“灰色腐败”。海登
8 海默深知精英和普通国民有时对现象会有不同的感受，于是把黑色腐败定义为精英和大众双方的多数成员都加以谴责并希望惩治的活动，白色腐败虽然在形式上仍被视为腐败，但两个群体多少都会加以容忍，并不想看到当事人受到惩罚。灰色腐败则是指这样一些活动，精英和大众对其看法各异，甚至在这两个主要群体内部也存在着重要分歧，包括矛盾心理。

海登海默所作的另一个三分法是把腐败分为公职取向的、市场取向的和公共利益取向的。第一种关注的腐败是指公职人

员有违职务预期的行为，可由官员获取不正当个人利益的欲望来解释。市场取向的观点对腐败的解释是，公职人员把职务看成牟取私利或办理私事的资源。他们所能提供的和索取的（即能收取多少贿赂）取决于公职所能提供的好处或服务的供求情况，简言之即取决于市场行情。最后，公共利益取向看重的是公职人员不正当的自肥行为对公众造成的伤害。

往往还有第三种区分，把腐败分成“食草型”和“食肉型”。1970年代早期，在关于纽约市警察局腐败情况的报告中，纳普委员会首创了这两个词。前者指官员对贿赂来者不拒，后者所指的腐败则更有掠夺性，官员实际上是主动索贿；前者有时也称为被动腐败，后者则称为主动腐败。与此相关的是对敲诈性腐败和交易性腐败的区分。在前一种情形下，受贿者向当事人施压，促其行贿，基本上等同于食肉型腐败。在后一种情形下，双方当事人（受贿者或行方便者与行贿者或求方便者）更为平等；双方基本上都出于自愿，像是在谈一笔交易。 9

许多官方反腐文件中进行的分类，初看之下似乎将同样的现象称为“食草型”和“食肉型”腐败，因为“被动”看起来不过是前者的另一种表述方式，“主动”也不过是描述后者的另一个词。现实中，它们却不是这么用的：第一个词通常指行贿，第二个词则指受贿。这种用法存在问题，因为“主动”和“被动”在如此应用时，暗指接受贿赂的人——官员——比所谓的“施主”责任要小。按照这样的区分，一个点拨车主、说行贿可以逃避超速罚款的警察就可以算是被动腐败，车主则是主动腐败。这两个词若用在另一些情形下可能更容易接受，比如某公司向采购主管施压，让其接受贿赂，而该主管此前一直洁身自好；但若用于国家官员从平民或企业那里敲诈钱财，则非常具有误导性。更进一步而言，如果说国家官员公认地应该为普通公民甚至商业企业树立榜样，那么就能明显看出为何如此用词会引起混乱。

第五种分类是分成小型（低级）腐败和大型（高级或精英）腐败。前者指普通公民在日常生活中可能碰到的各类腐败，比如在驾车时或者申请扩建房屋许可时。大型腐败，顾名思义，指精英层面的腐败，比如政治人物接受某个群体的贿赂，批准一项对他们有利的立法，或者某位部长无视顾问的建议甚至规章的约束，为一项大型住宅项目放行以换取贿赂。如果采纳腐败的宽泛定义（即包括完全属于私人企业内部的自肥渎职行为），就
10 会有许多腐败是公司层面的，因而更接近于大型腐败。

遵循大致相同的思路，世界银行自2000年以来区分了“行政（或官僚）腐败”和“收买国家”。后者被当时共同任职于世界银行的乔尔·赫尔曼和丹尼尔·考夫曼称为“大型腐败的一种**形式**”（强调为作者所加）；2000年，他们和杰兰特·琼斯（也来自世界银行）一起，把收买国家定义为：

> 公司通过私下向公共官员和政治人物献金来决定和影响游戏规则的**制定**（强调为作者所加）

自首创以来，该词的用法已经被其他分析人士扩展，比如纳入了有组织犯罪为影响立法进行的不当努力。赫尔曼、琼斯和考夫曼把“行政腐败”定义为：

> 与法律、规则和规章的**执行**相关的“小”型贿赂（强调

为作者所加）

许多分析人士自此也扩展了该词的用法，于是任何与规则的执行相关的不当行为或不作为都可称为行政腐败。

与“主动”腐败和“被动”腐败这两个词一样，“收买国家”一词的一个缺陷是，它可以被解释为暗指行贿的人比受贿的人更应受到谴责。最初推广这些概念的世界银行官员们强调，他们的本意不在于此；这些概念主要针对的是受贿的国家官员。如果采纳把重点放在腐败官员身上的词，比如“出卖国家”而不是“收买国家”，误解的可能性就会减小。 11

拉斯马·卡克林斯提出了一种分类方式，比世界银行的更为复杂。她重点关注的是中欧和东欧的后共产主义转型国家，把腐败行为分成三种基本类型，对每一类又进行了细分：低级行政腐败、官员为牟取私利侵吞资产，以及通过腐败网络收买国家。第一类和第三类腐败基本上与世界银行的分类相同。但卡克林斯提出的第二类腐败是一种重要补充，此种腐败近年来在许多转型国家都能发现。后共产主义国家的分析人士一般称其为“权贵阶层私有化”。这一过程普遍出现在1990年代的许多中欧和东欧国家，在那里共产主义时代的往日精英，即权贵阶层，能够在前国有企业出售过程中以各种方式（比如从购买者处获取回扣，或者以压倒性的低价自己直接购买）占据道德上不光彩的优势。

相关概念

许多现象与腐败有重叠或相类似。腐败本身就是一个充满争议的概念，既可作狭义也可作广义解释，于是有人会在密切相关的诸概念之间进行区分，还有人则希望把它们看作腐败的变化形式。有鉴于此，下面所作的区分将带读者认识一些主要术语，一般认为它们与腐败相关联。

贿赂与腐败

我们用英语谈论“贿赂与腐败”这一事实本身就意味着两者之间关系密切。但是，正如之前对社会腐败的讨论所表明的，腐败可以表现为不正当的工作关系，即某种形式的偏袒，从而不
12 一定涉及贿赂。此外，某些官员会利用职务之便盗用公款；这是另一种不涉及贿赂的腐败。反过来，贿赂也会完全发生在私人企业内部；这构成广义上的腐败，但就狭义来看并非腐败。

贿赂与礼物

判断特定行为是否构成腐败，最复杂的问题之一就在于如何区分礼物与贿赂。在许多亚洲文化中，赠礼不仅不算行贿，拒不接收或者视之为实际上的贿赂还是无礼的。这是文化差异的一个例证；在大多数亚洲国家，不仅精英，连多数国民都认为向来访者赠送礼物以示热情好客既是一种礼貌，也是一种必要。相反，许多西方人对于接受礼物是有保留的。正如在确定腐败的恰当边界时经常适用的，这个问题不能简单地以非黑即白的态度观之。况且，西方人在这个问题上有时会在不经意间言不由衷；许多经理会一面对亚洲式的“赠礼”颇有微词或心生不快，一面却认为在圣诞节向私人助理赠送礼物，以感谢其上一年度的勤奋和忠诚并无不妥。

这个问题并无明确的解决之道，但在大多数情况下，我们可以通过考察以下六个变量来合理区分礼物和贿赂：

1. **送出物品者的意图**。送出“礼物”的人是否暗地里或明确地期待某种回报？如果不是，则贿赂以及后续可能发生的腐败并不成立。
2. **接收物品者的预期**。接受“礼物”的人是否认为必须以某种方式加以回报？如果不是，接受礼物的行为构成腐败的可能性就小得多。
3. **送出物品的时机**。如果一个有求于人者，比如想要获得 13
许可建造一栋高楼的人，在主管官员做出决定**之前**给他送了份“礼物”，几乎一定会构成贿赂。如果礼物是在最终决定完成**之后**送出，并且有所求者此前并未暗示若获得许可则有回报，这样的礼物就不大可能构成贿赂。
4. **“礼物”的价值**。显而易见，给老师送个苹果与送她一辆崭新的奔驰轿车完全是两码事。事实上，这种区别是程度上的，而不是性质上的。然而，越来越多的国家和国际组织现在意识到，程度上的差别相当之大，对这两种行为应该加以区分。界限设在哪里？这是一个难题。本书第六章会重新探讨这个问题。
5. **法律观点**。这是一个正式的变量，要求考察特定国家或组织的法律或规章是如何规定的。比如，新加坡的警察不得从快餐商店接受免费饮品，澳大利亚的部分地区则没有这种规定。该变量与其他五个变量的不同之处在于，它可以从这个列表中拿掉而不影响后者的适用性。

6. **能感知到的社会对于此事的接受度**。与上一个变量不同，此变量关注的是问题的非正式方面，即多数公众的看法。前文已经指出，不同的文化对什么是腐败以及腐败的可接受程度有不同看法。确认这些差异的一个途径是，通过媒体等的调查、分析来确定各国对特定行为或不作为的主流态度。

公司和白领犯罪

我们记得，透明国际于2000年修改了其更倾向于采纳的定义，承认腐败也可以纯粹发生在私人企业内部（公司对公司腐败）。然而，这一态度不过是无谓地扩展了腐败概念，毕竟对于国家和私人企业，是有充分理由区别对待的。多数情况下，如果对某家私人公司的产品或服务不满，我可以另选一家；市场经济就是以竞争为基础的。但是国家却处于实质上的垄断地位；比如，如果不信任法官或警察，我也无法转请他人来执法。更何况，在产生纷争的场合，国家充当着个人之间和组织之间的仲裁者，即公断人；商业企业却不扮演同样的角色。这是两个充分的理由，表明把国家和私人企业区分开来是有意义的。

最后，要想描述私人企业内部为获取私利而滥用职权或者私人组织中的违法乱纪行为，有几个非常恰当的现成词语。形容前者的最常用词语是“白领犯罪”，广泛用于形容后者的词语是“公司犯罪”。两个词都存在一个主要缺陷：媒体上报道的“犯罪”，大部分事实上并未违法，而只是不被社会接受（即不正当而非不合法）。因此，通常更可取的是把两者分别称为“白领行为不端”和“公司行为不端”，不过如果违反了法律，则宜于称其为特定场合犯罪。

有组织犯罪

有组织犯罪和腐败之间一般有相当的重叠和互动；事实上，如果犯罪组织和腐败官员之间没有勾结，有组织犯罪就不会如此逍遥法外。两种现象间也有很多相似之处。犯罪团伙和腐败官员都追求背离社会和国家利益的既得利益。有组织犯罪和腐败都可能涉及一些活动，这些活动在多数国民看来是不正当的，但从专业角度来看并不违法（因此用有组织**犯罪**来形容某些犯 15
罪团伙的活动有时并不准确）。一些分析人士把有组织犯罪与腐败区分开，认为前者必然涉及暴力（不论是实际使用还是威胁使用）而后者则不然。但是，警察有时也会未经国家许可而使用或威胁使用暴力。

概念上的一个关键差异是，腐败涉及官员（若采纳广义的腐败，则还包括私人企业主管和专业人员），而有组织犯罪不涉及，除非存在官商勾结。另一个差异是，腐败官员有时是以个人名义活动，即成为所谓的害群之马，而有组织犯罪必然是团体活动。

另一种定义

在多数情形下，世界银行以及许多其他组织和专家使用的狭义界定是恰当的，虽然并非完全没有问题。要想界定得更为细致或详细，我们可以使用五项标准来判定一项行为或不作为（比如为了获取回报而故意视而不见）是否构成腐败；一项行为或不作为要构成腐败，必须满足所有五项标准（见表框1）。

这套标准符合本书对腐败倾向于采纳的狭义界定。更倾向于广义界定的人，要套用这套标准，只需稍加调整，比如把“公职”替换为“被托付权力的职务”。本书的余下部分，虽然重点放在官员（狭义）腐败上，也会引用来自企业界甚至体育界的例子。

表框1 腐败的判定标准

- 行为或不作为必须涉及身居公职的个人或群体，不论是经选举还是任命入职；
- 该公职必须在决策权力、法律执行或国家防卫方面具有一定程度的权威；
- 官员的行为或者在本职工作上的不作为，必须部分出于个人利益或其所属组织（比如政党）的利益，或者同时出于两种利益，并且这些利益必须背离国家和社会的终极利益；
- 官员的行为或不作为部分或完全地于暗中发生，并且其明知自身行为会或可能会被视为不合法或不正当。如果对于行为失当的程度不确定，官员就会选择不受检验，即不让自己的行为接受所谓的**阳光测试**（允许公开审查），因为他们希望自己的利益最大化；
- 行为或不作为必须在相当比例的人群或/和国家的认知中属于腐败。这最后一条标准有助于克服解读腐败时的文化差异问题。

前文已经表明，对于何种行为构成腐败以及为何构成，并没有广泛共识。然而，以狭义界定即对公职的私人滥用为起点，16
却得到广泛赞同，纵然私人滥用和公职这样的词也有多种解释。在多数情形下，应用这五条标准进行检验能明确地判定特定行为或不作为是否构成腐败，本书后面几章也会应用这些标准。在这些检验之外，各人要判定特定情形是否构成腐败，则必须基于所谓的“大象测试”，即“很难描述，但看到时我会知道”。17

第二章

腐败何以成为问题？

腐败以多种方式对个人、群体和组织（包括国家）造成冲击。其负面影响，许多显而易见，另一些则相对隐蔽。为使叙述更清晰，这里分别从社会、环境、经济、政治-法律、安全以及国际影响诸方面进行考察；在现实中，某些腐败行为一般会同时在多个领域造成影响。

社会

腐败通过无数方式对社会产生负面影响，这里不得不有所取舍。其中一个是对普通人的工作和生活环境产生影响。在2013年5月于华盛顿市发表的一次演说中，乌干达反腐联盟执行主任声称，2012年在乌干达发生了一件丑闻，巨额养老金因腐败被窃取；如果这些钱用在刀刃上，将会雪中送炭，使3万多名小学教师或4.6万名警察的工资提升50%，或者能提供近1 800万支抗疟疾药剂。

对于许多发展中国家和转型国家，腐败造成的一个严重问

题就在于它会减少援助，因为有捐赠意向或借款意向的人，看到 18
某些国家的精英似乎把大部分资源都中饱私囊，则要么会终止提供资金，要么会拒绝提供。不幸的是，通常社会上最贫困的人群受此危害最甚。

腐败很容易从横向和纵向两个方向上，在社会中让人们更强烈地意识到“他们”和“我们”之别。精英和大众之间的鸿沟本来没有那么大，却往往被拉得很大，因为人们感到，腐败官员以牺牲普通国民为代价侵占了国家的财富（纵向裂痕）。同时，腐败也会扩大国民自身之间的分裂（横向裂痕），因为那些不愿或无力行贿以获取所需的人，会对能够且的确行贿的人充满憎恨。

一个相关的事实是，腐败会加剧不平等。如果不平等看起来基于功绩，即使程度较高，许多国民也会在合理范围内加以容忍；但如果优质工作和晋升的获取更多地基于私人关系和贿赂，就会受到憎恨。如果不断拉大的不平等再伴以更高程度的贫困，问题就会恶化，而事实往往正是如此。在世界货币基金组织于1998年发布的一项具有重大影响的分析中，作者们研究了30多个国家长达18年的数据，令人信服地表明腐败程度的加剧不仅会拉大收入差距（由基尼系数反映出来），也会加深贫困程度。贫困与身体和精神上的不健康状况息息相关，因此腐败会直接影响人的幸福。

如果腐败意味着对国家及其官员越来越不信任，就会普遍出现“向家庭回归”和对亲情日益依恋。这种现象可能会带来一个负面效应，那就是强化的“亲友”认同会减少社会资本，加
大社会群体之间的疏离，从而导致族群冲突。 19

高度腐败以及随之产生的对国家缺乏信任，会加剧社会中的不安全感。比如，公民如果由于腐败问题而不信任执法官员，

就会不太愿意向当局报告犯罪行为，也不愿与当局合作；这通常导致犯罪率更高，从而使公众产生更强烈的不安全感。

由于腐败，官员们自身可能会感到更不安全。如果政治精英决定重拳反腐，即使是正直的官员也会感到不安，因为当前不算腐败的行为未来可能会归为腐败并受到相应惩处；这会让他们在履行常规和正当职责时犹豫不决，甚至完全拒绝履行。在理想的法治国家，任何立法都不会溯及既往，这样的问题就不会出现；但在当今，即使是在西方，也少有国家严格遵循法不追溯这一观念。

在许多后共产主义国家，数十年中都不存在真正的有产阶级，没有哪个群体有合法资金投入新生的市场化、私有化经济中，由此导致其早期的转型过程更为艰难。在此情形下，腐败有助于催生一个新的富裕的资产阶级，但这是以不正当收入为前提的，破坏了这一新生阶级及其观念的公众基础。

某些分析人士认为，近年来有组织犯罪中发展势头最迅猛的，是与网络犯罪相结合的人口贩卖。在这种现代奴隶制中，若非有腐败官员共谋，被贩卖人口的规模不会如此之大。非洲国家中，尼日利亚的许多妇女被卖往欧洲从事卖淫活动，尼日利亚因而成为主要的受害国家；奥西塔·阿格布详细分析了腐败官员在其中发
20 挥的作用。

除了在人口贩卖中发挥作用，腐败官员还会在武器贩卖中成为同谋，而武器贩卖会增加谋杀率，成为恐怖分子的帮凶。由于卷入武器贩卖，孟加拉国两名政府部长于2014年被判处死刑。

腐败会危及人的生命，其表现有多种形式，其中之一与洪水

有关。树有许多好处，比如可以防止土壤流失。在某些国家，腐败官员为了得到贿赂，往往会对河岸沿线砍伐树木的行为视而不见。这种砍伐有时会导致暴雨之后河岸崩塌，河边建造的房屋院落被毁，许多生命由此葬身于洪水。

腐败危及生命的另一种极为常见的形式与建筑行业相关。有些建筑和安全监理人员由于受贿而无视行业中的玩忽职守，包括使用劣质材料；他们已经因不合标准的建筑产品造成人员伤亡而受到控告。其中一个特别严重的例子是2007年埃及亚历山大市的建筑倒塌事件，造成35人死亡，当地官员的大面积腐败由此受到指控。鉴于近年来埃及其他城市发生了更多的类似案例，埃及当局显然任重道远；2013年1月，亚历山大市的一幢公寓楼倒塌，至少24人丧生，再次引起对腐败问题，包括对埃及

图2　2012年埃及的一幢建筑倒塌，19人丧生，据称由腐败导致

住宅部部长的严厉指控（图2）。就死亡人数来说，更严重的事故是1995年韩国首尔一座百货大楼的倒塌，造成502人死亡；最终，倒塌原因被部分归结于两名市政建筑监察人员的腐败，他们
21 被判在大楼建造阶段犯有受贿罪。

目前为止，我们重点关注的是狭义腐败（即涉及国家官员）的负面影响。21世纪，公众已经对广义腐败可能产生的破坏性影响变得远为敏感。随着西方国家的公司前仆后继地（仅举几例：美国安然、美国世通、意大利帕玛拉特、德国西门子、澳大利亚小麦局）被曝行为不端，包括行贿和给予回扣以获得海外订单，公众对商业企业的信心轰然瓦解。许多人坚持认为，2008年全球金融危机的部分原因就在于公司行为不端，并视其为重大经济问题的根源，这些问题社会影响恶劣，波及就业和养老金体制。

关于腐败的**报道**也会对公众产生负面影响，它会强化普遍
22 的失望感甚至绝望感。然而，很难确定多少数量的报道、什么类型的报道才是最恰当的；套用一句老生常谈，对媒体来说“坏消息就是好消息”[①]，极少有记者能自我克制，不去尽可能多地报道丑闻，不论相关指控有没有经过彻底调查。对腐败不负责任的报道会让民众怀疑媒体的“看门狗”角色，这对公民社会的成长是有害的。

环境

环境大概是人类面临的最大的长期问题。不幸的是，腐

① 此处套用常用语“没有消息就是好消息”（No news is good news）。

败通常会使这个领域已经存在的问题复杂化。根据联合国毒品和犯罪问题办公室（UNODC）的说法，与环境相关的腐败包括：

> 实施环境项目时的侵吞公款，发放自然资源开采许可或执照时的大型腐败，以及执法人员的小额受贿。

该办公室还指出了最容易发生腐败的领域：林业、石油开采、濒危物种贩卖，以及有毒废料处理。

全球许多木材生产和出口巨头，包括巴西、印度尼西亚和俄罗斯，都经历过严重的环境破坏，原因就在于腐败官员纵容非法砍伐。有人声称，近年来世界上产出的木材，有一半以上是非法砍伐得来的，其中多数都涉及贿赂和腐败。

至于濒危物种，2011年，致力于阻止野生动物贩卖的非政府组织“自由土地”的负责人声称，该组织在反贩卖项目上遭遇的首要问题就是腐败，尤其是高层次腐败。腐败会间接导致各种野生物种的灭绝。

经济

对于腐败造成的影响，研究和报道最多的是经济方面。在1990年代中期发表的一份被频繁引用的报告中，经济学家保罗·莫罗反驳了一些人在1960年代提出的主张，即腐败（比如向官吏交纳疏通费或者说“加急费”以更快获得许可）实际上能提高经济增长率。基于大量数据，莫罗将多个国家的增长率和对该国腐败程度的主观评估进行对比，得到的结论是腐败会阻碍投资，反过来又会降低增长率。虽然有人对此主张提出了质疑，多数观点仍然认为莫罗基本上是正确的。比如，在发表于2000年的一篇论文中，魏尚进[①]认为腐败率越高的国家，外商直接投资越低，因为潜在的投资者会因腐败而止步。

一国若留给外界高度腐败的印象，要获准进入某些国际"俱乐部"，尤其是欧盟，就会极为困难甚至没有可能；毕竟，其加入这些"俱乐部"的动机，正是从成员身份中看到了可能获得的重大经济利益。即使已经进入此类跨国组织，高度腐败的印象也会造成严重经济后果：保加利亚、罗马尼亚和捷克三个新成员国自加入欧盟（前两国于2007年加入，捷克于2004年加入）以来被大量削减拨款，原因正在于欧盟对其腐败程度的忧虑。此外，保加利亚和罗马尼亚试图加入申根区（该区域由26个欧洲国家组成，各国之间没有边境管制）的努力都失败了，因为欧盟的部分西欧成员国，尤其是德国和荷兰，担心这些东南欧国家与非欧盟邻国之间的边境太容易穿越，而造成这种状况的主要原因就在于其边境守卫和海关官员高度腐败。

欧盟自身经历的一个严重的经济问题也要部分归咎于腐败。2012年，透明国际一份名为《金钱、政治、权力：欧洲的腐败风险》的报告指出，在许多欧盟国家腐败是引发2010年爆发的欧元区危机的重要因素（希腊被视为罪魁祸首）。

① 美国哥伦比亚大学商学院及外交与公共政策学院终身讲席教授。曾任亚洲开发银行首席经济学家、国际货币基金组织研究部助理部长及研究主管、世界银行反腐败政策与研究顾问等职。

24

腐败会导致国家税收减少，因为腐败官员为了获得贿赂，会豁免公民和企业的罚款、税收等。欧盟于2014年2月发布了自成立以来的第一份反腐报告，声称腐败每年给欧盟国家总体上造成的损失约为1 200亿欧元。这个数字与非洲联盟2002年估计腐败给其53个成员国造成的损失（1 500亿美元）相近，不过欧盟的数字虽然庞大，却不像在撒哈拉沙漠以南的非洲联盟那样，占到国内生产总值的近四分之一。

许多国家，多数是转型国家，近年来引入了固定税率的所得税制和公司税制，一般正是为了减少国家税收流失的风险。其中的基本考量是，累进税制更多地由税务官员自由裁量，比固定税率制提供了更多的腐败机会；在累进税制下，个人和公司都可能少报收入，以便在更低的税率等级中纳税（逃税的一种形式）。遗憾的是，固定税率制并非滴水不漏，因为个人和公司仍然可以与腐败官员勾结，做低应税收入，使国家的法定税收减少。

腐败会减少经济竞争，因为腐败官员会偏袒向自己行贿的公司，比如在这些公司收购国家推向私有化的工厂或者从国家那里获得承包合同时，给予其不公平的优待。竞争减少通常会使选择更少，同时导致价格和成本更高，这些对消费者和国家本身都是有害的。

对于国家的发展和福祉来说，有一个因素在经济上具有严重的负面派生影响，即社会腐败（任人唯亲、任用亲信等）会让诚实正直、资历良好的人灰心，他们会由于无法获得好的职位或无法得到晋升而产生挫败感。有些人干脆不再努力工作，不再积极主动，另一些人则移民到腐败更少、选贤任能的国家。因此，腐败会加速人才外流，使社会无法获得最胜任的人来管理国家和经济。这种现象有时称作人力资本外逃，已经成为类似伊朗这样的国家面临的特别尖锐的问题。

其实，传统的资本外逃问题也与腐败相关。2000年7月第一次担任总统后不久，普京召集俄罗斯许多顶级富人，即所谓的寡头举行了一次会议，并在会上告知他们，只要遵守四条规则，就不会过问其财富来路；四条规则中的一条就是把他们转移到海外的大量资产收回国内。多数寡头存不存在腐败问题，这一点尚须讨论；这次会议值得注意的一点是，它明确显示了国家高层对资本外逃的关注。还有许多国家在近些年也面临着这个问题，各级腐败官员，包括最高级官员，是问题的症结所在。

在经济上承受腐败之痛的不仅是公众和国家。公司有时也会被曝向官员行贿以获取承包合同，且负面后果严重。2013年，澳大利亚新南威尔士州的反腐独立委员会认为，猎人谷的某些采矿执照是以腐败的方式获取的。有鉴于此，新南威尔士州政府于2014年1月宣布这些执照作废。

政治和法律制度

腐败会以多种方式对政治制度（例如民主制和独裁制）和政权（维持政治制度运行的团体）产生负面影响。例如，某些议员对于任何有意向自己行贿或者在未来选举中为自己增加筹码的人，都愿意给以优待，这些议员的权力和影响力就会由于腐败而不公平地得到增强。这种情况在全世界都能看到，表现形式是政治分肥，即议员为了获得更多的选民支持，向特定选区不当地拨款或承诺拨款。

不过，与不当优待相关的这一点，把我们引向了腐败研究领域一个相当模糊的地带，即游说问题。在美国这样的国家，游说是合法的，有正式的组织。但有人视游说为腐败的一种形式，认为它虽然发生在富裕国家，实质上与穷国中更明显的企图影响政治人物的腐败行为（见第一章提到的“收买国家”）功能相同。不过要判定游说是否构成腐败，还有必要考察特定情形的确切性质；笼而统之的说法会引起误导。

许多组织，比如世界自然基金会和其他慈善组织的游说目的在多数人看来是完全合法的，此类游说应该与关联着明显既得利益的游说区别开来。此外，如果游说资金来自经官方注册的机构而不是用于行贿，并且该机构的财政明细完全透明（这一附加条件很重要），也不宜归为腐败。某些类型的组织所进行的游说看上去可能不公平，比起一般人，它们给予那些握有充分资源的人更多的机会去影响政治决策者，但这不过是政治不平等的另一面，即使在最民主的制度中也会存在。因此，不论对于腐败分析人士还是民主理论家，它都是个问题。

让民主的理论家和实践者都很头疼的另一个问题是，以哪种方式为政党提供资金最好——尤其是，这种方式有没有可能杜绝腐败。1999年，德国发生了所谓的“科尔门”丑闻，基督教民主联盟名誉主席赫尔穆特·科尔被控在担任德国总理期间（1982—1998）卷入腐败事件，为他所属的政党接受和分配违规资金。最终，基督教民主联盟被判腐败罪名成立，德国联邦议院议长试图向该党施以总额近5 000万马克（约2 500万欧元）的罚款。惩罚最终被取消，但“科尔门”事件的直接结果是，德国的政党筹款规则进行了重大修改，变得更为透明，对企业捐助依赖更少。这一案例的独特意义，与其说在于一位西方政治领袖被控腐败（法国的雅克·希拉克和意大利的西尔维奥·贝鲁斯科尼近年也面临过腐败指控），不如说在于它发生在德国这个号称拥有世界上最好的政党筹款制度的国家。

腐败会破坏竞选，强化政党之间的不平等，削弱政党的竞争
28 力。选举中的欺诈和行为失当表现为多种形式，最常见的两种是操纵投票和贿选行为（见图3）。近年来，世界上多数地区都曾被控或被查实发生过这两种情况，且为数不少。但是，和其他多种腐败一样，它们在发展中国家和转型国家并不是新现象，也非这两类国家所独有：贿选的一个早期案例是1768年发生在英国北安普顿的“挥霍式选举”。

图3　操纵投票在许多国家仍然司空见惯

国民对腐败的绝望会提升极端政治人物对选民的吸引力，不论是左派人物还是右派人物，因为他们承诺会根除腐败。经验研究显示，这样的极端人物若能当选，一般在减少腐败方面毫无作为；但在某些国家，人们普遍相信这些人有灵丹妙药。

政党或政治人物对腐败的指控可能会反过来招致对自身的指控。这会导致选民不满加剧，引起各种不良后果。其中之一是国民会变得悲观怀疑，由此疏远政治生活，虽然是以被动的方 29
式。另一个后果是国民被激怒，引发激烈的公众骚乱，使制度失去合法性和稳定性，从而使政权，甚至政治制度本身被颠覆。在2012年对腐败所作的分析中，弗兰克·福格尔重点关注了2011年所谓的阿拉伯之春，认为公众对腐败的愤怒是埃及和突尼斯政权和制度崩溃的主要推动因素。

由此看来，腐败会破坏制度合法性，即破坏国民感受到的统治者进行统治的权利。太多的腐败和对腐败的报道会使国民对市场、民主和法治失去信心。在转型国家，这样更容易引起不稳定，但即使在发达的西方国家也是如此。2013年1月，欧洲委员会秘书长声称：“腐败是今日欧洲的民主制度面临的最大威胁。这片大陆上越来越多的人正在对法治失去信心。”

在曾经有过法治的国家，如果人们对法治失去信心，滥用公民自由和人权的风险就会增加。这个问题最初影响的是普通公民，但过度的滥用对政治精英来说也是危险的，他们的统治会受到公众骚乱的威胁。与腐败的其他许多方面一样，这种危险并非新近才出现。在东亚传统的“天命”观念中，人民就有权推翻无能、残暴或腐败的皇帝。

安全

国家要想恰当地发挥国防、执法和福利方面的职能，就需要有充足的经费；若腐败减少了政府税收，就会对国家保护民众的
30 整体能力产生有害影响。国力衰弱和腐败加剧之间关联紧密。

1990年代，在许多由苏联解体形成的国家，军事基地在安全方面马虎松懈，令人震惊；西方的各种政府报告和学术分析称，俄罗斯和乌克兰的腐败官员将核材料非法出售给了任何愿意出钱的人。这方面的许多证据都是根据情况推测出来的，但的确有无可辩驳的证据表明，弱国的腐败官员将各种武器出售给了有组织犯罪团伙和恐怖分子。

不过，这一情形也存在于成熟的民主国家。2014年3月，在美国联邦调查局的诱捕行动中，一名加利福尼亚州议员遭到逮捕，被控勾结以美国为基地的有组织犯罪，向总部位于菲律宾的叛乱组织贩卖武器。根据联邦调查局的说法，该议员获得的回报是政治竞选方面的资助。据称，他计划把贩卖活动扩展到非洲，对于可能造成的不良后果却漠不关心。截至本书写作时，此案仍在调查中。

关于成熟的民主国家和武器交易的最后一点是，许多西方公司被指控向海外的政府官员大量行贿，以获取购买军事装备的订单；以腐败方式卷入这一有致命危险的交易中的，不仅仅是个人和犯罪团伙。

国际影响

一国腐败对其他国家的部分影响在于引起不快，而不是形

成真正的危险。例如，1990年代德国汽车保险费用的上升，部分原因就在于该国有大量汽车失窃并被偷运往中欧和东欧国家；在这一乱象中，经常会有犯罪团伙贿赂海关官员，让他们在汽车偷运过程中睁一只眼闭一只眼。 31

其实，腐败的许多国际后果要严重得多。例如，从事国际非法交易，包括药品、武器、人口和人体器官贩卖的犯罪组织，若非经常贿赂海关官员、警察以及其他官员，使他们对犯罪活动视而不见或者在突击检查（比如对非法妓院的检查，那里有跨国贩卖的人口）之前通风报信，其犯罪活动远不会那么顺利。

遗憾的是，实用主义常常在国际关系中压倒原则性，那些看起来腐败程度较低的国家实际上可能会容忍他国更高程度的腐败，如果该国拥有核武器或者有前者高度依赖的商品（比如石油）的话。但有时，当他国的腐败变得忍无可忍时，一些国家就会决心采取行动。一个明显的例子是美国2012年的《马格尼茨基法案》，该法案意在（通过禁发签证和冻结银行账户）惩罚那些对审计员[①]谢尔盖·马格尼茨基之死负有责任的俄罗斯官员。此事与腐败的相关之处在于，马格尼茨基一度持续调查俄罗斯税务官和警察的欺诈行为，随后则被指与一家投资咨询公司勾结而遭到逮捕，该公司曾向俄罗斯当局报告了涉嫌腐败的问题，反过来又被当局指控逃税。马格尼茨基于监禁中身亡，疑点重重。不出所料，《马格尼茨基法案》使莫斯科和华盛顿之间关系恶化。俄罗斯人迅速炮制出一份名单，上面的美国人将无法获得签证，同时还禁止美国家庭收养俄罗斯儿童。

① 原文如此。似应为律师。

倾向于对腐败进行宽泛定义的许多读者，会注意到针对各种国际体育机构，包括主要的足球组织国际足联（FIFA）的指控。2014年初，媒体报道最多的案例与2022年世界杯的申办程
32 序有关。这样的指控，不论是否被证实，都有损于此类组织以及被控卷入腐败行为的国家的国际合法性。

本章关注的是腐败的负面影响，但是为防止造成误导也要承认，有些备受推崇的分析人士曾声称，腐败有时也能带来益处。实际上，有人甚至断言腐败在道德上也可能站得住脚。为表明这一点而引用的一个经典情形是，纳粹的监狱看守为得到贿赂而允许犹太囚徒逃跑。探究这一情境下的伦理问题需要展开漫长而复杂的论述，也超出了本书的主题。但是，从更广泛的意义上来说，关于腐败可能带来的益处，必须加以考察。

1960年代，美国和英国的许多学者，尤其是纳撒尼尔·莱夫（哥伦比亚大学）、约瑟夫·奈和塞缪尔·亨廷顿（二人都是哈佛大学教授）、科林·利斯（萨塞克斯大学），主张不要再从道德的观点来看待腐败，而是从理性的、功能的方面（即腐败发挥的作用）去看。这一观点有时被称为腐败研究中的修正主义。他们以各自的方式程度不同地提出，发展中国家有时能受惠于腐败，因为腐败可以“润滑齿轮”或成为“激素”，而不是“齿轮中的沙”或“毒素”。他们坚持认为，如果一个国家国力虚弱且各方面运转不良，腐败将有助于履行一些基本职能。

有人仍然认为，腐败总体上看并非全是坏事。例如，保加利亚分析人士伊万·克勒斯特夫就支持灵活对待投资方面的腐败，认为给国内投资者比国外投资者更有利的条件（可能是为了获得贿赂）能让国人有机会在后共产主义国家中踏入资本主义

的梯级，而此前这些国家是没有资产阶级的。

这种观点在近期的第二个例子，见于路易吉・曼泽蒂和卡 33
罗尔・威尔逊2007年的一篇文章。他们在文中声称，若某国国力虚弱，许多人就会支持腐败的政治人物，让这些政治人物带来国民想要的东西。这种观点甚至也适用于强国。2004—2006年，两位作者在六个国家对政党筹款和腐败之间的关系进行的一项调查显示，在有两个候选人的竞选中，14%（德国）和35%（法国）的选民（在保加利亚、意大利、波兰和俄罗斯这个比例是约25%）更有可能把票投给精力充沛但行事腐败、以善于把事办成著称的候选人，而不是投给“品行完美”但能力低下的候选人。

这样的结果很有意思，在许多方面违反直觉，需要加以“解构”。首先，在现实生活场景（此处的情形即选举）中，受访者的行为方式可能会不同于调查时所声称的；不过，要确定会有更多还是更少的人**事实上**会投票给腐败但能干的候选人是极为困难的。其次，受访者面临的选择只有两个次优的候选人；现实世界中，如果出现一个精力充沛又廉洁自律的候选人，就会成为另外两人的强大竞争对手。换句话说，表示会投票给腐败候选人的受访者并不是在明确表示偏爱腐败官员，仅仅是两害相权取其轻。不过话虽如此，来自印度和意大利的证据还是表明，选民们有时明知候选人腐败也会选择他们。

就在某些修正主义者仍然认为腐败有时会带来益处时，罗伯特・克利特加德提出了一种略为不同的观点：他在1980年代末支持“最优数量”的腐败。克利特加德没有宽恕腐败，或许是出于经济学家的视角，他主张反腐的成本不应超过腐败造成的经济损失。结合现有资源来看，腐败被最大程度遏制的那个点， 34

就是最优数量。

当前受到广泛认可（虽然还不是普遍认可）的共识是，即便腐败在某些特定情形下能带来益处，那也仅仅是短期的；最终，腐败的代价无一例外都会超过带来的益处。为短期腐败辩解绕不过的一个问题是，腐败文化一经确立，就会有路径依赖，极难扭转。与完全为腐败辩解相比，更好的态度是具体情况具体对待，像海登海默那样，在黑色、白色和灰色腐败之间进行三重区分（见第一章）。这样就为区别对待和细致描绘留下了余地，而
35 不必诉诸无保留的辩护。

第三章

腐败能否衡量?

在1995年的一篇文章中，莫伊塞斯·纳伊姆提出了全球的“腐败井喷”。腐败的规模真的在增加吗？某些国家是否真的比其他国家更为腐败？要回答这些问题，我们就得能够衡量腐败。遗憾的是，这项任务特别艰巨，部分原因在于我们无法就何为腐败达成一致。

另一个重要因素在于获得信息的难度。在大多数犯罪和不端行为中，受害者都能把遭遇的经历报告给当局，往往也的确报告了。但是，那些行贿的国民却不太可能举报索贿或受贿的官员。其中一个原因是，多数情况下该国民自身的贿赂行为就是犯罪。另一个原因是，行贿者可能担心，作为回报领到的建房许可或出国护照会被撤销或没收，举报腐败官员会损害自身利益。那些不涉及双方交易的官员或其他负责人员，比如贪污公款者，其“受害者”往往是规模庞大又面目模糊的组织，比如国家或一家大公司；除非进行严格意义上的审计，其受到的损害甚至不会被察觉到，而审计是极少发生的。有时，“受害者”甚至更为抽

象，比如是“社会”。最后，在上面列举的所有情形中，腐败人员
36 获得的利益都是有形的。如果把社会腐败包括进来，就能够明显看出为何对于腐败的衡量（比如提携反哺关系的规模）会极为困难。

这些重要问题的确存在，但是要想确定某个国家或机构的腐败程度与其他国家或机构相比是在上升还是下降，要想降低腐败程度并在经验感受上显示出这种降低，我们就必须**努力**衡量腐败程度。

衡量腐败的规模，有四种常用方法：官方统计法、印象和态度调查法、经验调查法、跟踪调查法。本章将考察这些方法，再顺带看看其他不那么常用的方法。

官方统计法

对许多分析人士来说，衡量腐败规模的基础是国家给出的官方统计数据。这些数据主要有两种，即法律的和经济的。法律数据一般最多能显示腐败的五个方面：

1. 报道的腐败案件数量。
2. 调查的腐败案件数量。
3. 起诉数量。
4. 定罪数量。
5. 做出的判决。

这些数据构成了一个基础，但存在很大问题，尤其是用于国家间的比较时。甲国前四项变量中的部分或全部数字比乙国低

（相对于人口规模），原因**可能**在于甲国腐败的确较少，也可能在于甲国社会对报道和调查的态度不够坚决。甲国国民可能认为，对于有嫌疑或众所周知的腐败进行报道意义都不大，因为当局无能为力、漠不关心或本身就很腐败，而乙国国民对他们的执法机构更为信任也更有信心。另一个问题是，许多国家并不提供与腐败明确相关的全面数字，或者相关的任何数字都不提供；这些数字通常被经济犯罪或滥用职权这些更宽泛的类别所掩盖，而这两个类别涵盖的现象一般都不会定性为腐败。

政府机构有时发布的另一类与腐败相关的统计数据是经济类的，尤其是贿赂的平均数额和腐败对经济造成的影响。许多实际的腐败案例是无法确认的，数字只能是大概的估算；实际上，它们往往基于调查数据，比如询问受访者过去12个月中行贿的数额是多少，平均数额又是多少；这些数据是从问卷的寥寥几页中得出的，基础不够扎实。

官方统计至多不过揭示了**最小**腐败规模。由于甲国调查指控时比乙国更为随意，**最小**腐败规模也说明不了什么，而且很容易产生误导。能看到冰山一角固然很好，我们却无法由此得知冰山的整体大小。有鉴于此，当今的多数分析人士更倾向于采用官方统计之外的方法来评估腐败规模。

印象和态度调查法

在全球范围内，被引用最多的腐败规模方面的资料来自透明国际的“腐败印象指数”（CPI），这是一项印象调查。此类调查衡量的是人们对腐败的印象和态度：他们是否认为当局付出了足够努力来遏制腐败，在哪些部门腐败最为猖獗，等等。自

38 1995年起，腐败印象指数每年发布，透明国际称之为“对民意测验的测验”或“对问卷调查的调查”。透明国际自身并不实际进行调查来得出腐败印象指数，当前它是通过对其他机构，即“专注于执政环境和商业环境的独立机构”进行的调查加以整理并确定标准，来为每一个受到评估的国家和地区打分、排名的。要对某个国家或地区进行评估，透明国际至少要获得三项与其相关的调查结果，这就解释了为何腐败印象指数从来不曾纳入世界上所有的国家和地区；2012年，它为现有的约200个国家和地区中的176个打了分。

2012年前，腐败印象指数的评级为0分（高度腐败）至10分（非常清廉），分数精确到小数点后一位（最早的腐败印象指数精确到小数点后两位）。2012年进行了调整，现在腐败印象指数评级为0分（高度腐败）至100分（非常清廉）。由于页面限制，2012年的全表无法在此呈现，表1给出了排名分别为前20和后20的国家和地区。

2012年对评级体系进行的修改，是为了反映腐败印象指数发生的其他更为显著的变化。该指数的一个问题是，由于数据来源每年都有变化，对结果进行历时比较严格来说并不恰当，透明国际自身也早就承认这一点。虽然没有替代数据，许多分析人士还是进行了这样的比较；其中比较诚实的人强调了此种做法不太可靠，并将数据与其他资料来源进行比较，以求减轻问题的影响。

由于腐败印象指数评估的国家和地区数量每年都有变化，历年**排名**比较就尤其具有误导性。某国今年排名第40位，五年后排名第80位，粗心的人若假定那里的腐败情形大大恶化是情有可原的；但如果第一年评估的国家总数是80个，而五年后是

表1　2012年腐败印象指数(部分结果)

国家或地区	排　名	分　数	国家或地区	排　名	分　数
丹　麦	1=	90	安哥拉	157=	22
芬　兰	1=	90	柬埔寨	157=	22
新西兰	1=	90	塔吉克斯坦	157=	22
瑞　典	4	88	刚果(金)	160=	21
新加坡	5	87	老　挝	160=	21
瑞　士	6	86	利比亚	160=	21
澳大利亚	7=	85	赤道几内亚	163=	20
挪　威	7=	85	津巴布韦	163=	20
加拿大	9=	84	布隆迪	165=	19
荷　兰	9=	84	乍　得	165=	19
冰　岛	11	82	海　地	165=	19
卢森堡	12	80	委内瑞拉	165=	19
德　国	13	79	伊拉克	169	18
中国香港地区	14	77	土库曼斯坦	170=	17
巴巴多斯	15	76	乌兹别克斯坦	170=	17
比利时	16	75	缅　甸	172	15
日　本	17=	74	苏　丹	173	13
英　国	17=	74	阿富汗	174=	8
美　国	19	73	朝　鲜	174=	8
智　利	20	72	索马里	174=	8

39 160个，该国的情形事实上可能无甚变化，仍然在全体中处于中间位置。因此，在多数情况下进行历时比较时，引用某国的分数当然不像引用其排名那样容易产生误导。透明国际曾经宣布，新的腐败印象指数的得出方式意味着从2012年起，不同年份间的直接比较不存在问题了；不过，在分析的国家和地区数量稳定之前，关于分数和排名需要注意的问题仍然存在。

腐败印象指数还出于其他许多原因受到批评，比如它所采纳的印象主要来自商界人士和专家，而不是一般公众。许多比较性的印象调查都是如此，比如世界银行的商业环境与企业绩效调查（BEEPS）和世界经济论坛的全球竞争力报告（GCR）。也有许多调查针对的是一般公众对腐败的印象，但大多数只关注一个国家，并且有自己特定的一套问题。如果主要兴趣在于对多个国家进行比较，这类针对单个国家的调查就没有多大价值。

经验调查法

有些人坚持认为，印象调查并不反映“真实”情形。这种指责有两个问题。首先，他们暗示有人，也许就是批评者本人，知道真实情形如何。这是胡言乱语；由于定义上的分歧以及腐败现象天然的隐蔽性，在任何社会都**没有人**能够知道腐败的实际程度。其次，无论如何，印象也是现实的一种表现形式。如果打算在某个国家投资的人由于较坏的腐败印象而放弃投资，这种印象就对行为产生了影响，因而也是一种现实；正如唯心主义和唯物主义哲学家数个世纪以来的争论所表明的，我们生活的世界既是实体的也是表象的，不存在单一的现实。

然而，努力以尽可能多的方式来衡量腐败程度是有意义

的。批评印象调查的人往往提倡采用经验调查。在此类调查 41
中，受访者不会被问及对腐败的印象，而是回答实际的腐败经验。常见的问题是："过去12个月中你或你的家人有没有行贿过？"这类调查于1990年代首次提出时，许多专家充满怀疑，认为人们决不会承认行贿。现在我们有充分的证据表明，只要受访者相信调查者对隐私和匿名所作的保证，许多人是会坦陈行贿的。

部分出于对腐败印象指数所受批评的回应，透明国际于2003年引入了一种新式调查，将印象、态度和经验方面的问题融合在一起。这就是全球腐败晴雨表（GCB），自推出以来每一至两年调查一次。在透明国际的网站上，它被称为对"人们的观点和经验"的调查。与腐败印象指数不同，全球腐败晴雨表是由透明国际自身（利用调查公司在目标国家）完成的，与腐败印象指数相比，其独特的优势在于使用了一套标准化的调查问卷。所调查的问题也比腐败印象指数的问题更为前后一致，进行历时比较没有那么多困难。全球腐败晴雨表覆盖的范围没有腐败印象指数那么广，2003年调查的国家和地区总共才46个，其中部分国家和地区的调查结果相当不完整；后来进行了扩展，2010/2011年的调查覆盖了100个国家和地区——这个数字相当可观，但仍比腐败印象指数覆盖的少得多。同样由于页面篇幅的原因，此处只能摘录其中的一部分。表2给出的证据表明，许多国民在被问及时，是**愿意**说出行贿经历的。汇编此表时，我决定只纳入位于腐败印象指数排名前20和后20，且在2010/2011年全球腐败晴雨表中得到评估的国家和地区，这样更方便对两套结果进行直接比较。 42

表2 全球腐败晴雨表的部分经验调查结果*
（百分比，依2010—2011年得分排序）

国家或地区	2004	2005	2006	2007	2009	2010/2011
丹 麦	2	1	2	2	1	0
挪 威	3	4	2	–**	2	1
英 国	1	1	2	2	3	1
澳大利亚	–	–	–	–	–	2
芬 兰	3	3	1	2	2	2
瑞 士	2	1	1	1	1	2
德 国	1	2	2	–	–	2
荷 兰	2	0	2	2	1	2
冰 岛	3	1	2	1	2	3
新西兰	–	–	–	–	–	4
加拿大	1	1	3	1	2	4
中国香港地区	1	0	6	3	7	5
美 国	0	1	2	2	2	5
日 本	1	0	3	1	1	9
新加坡	1	4	1	–	6	9
卢森堡	2	6	6	6	4	16
委内瑞拉	9	6	21	12	28	20
苏 丹	–	–	–	–	–	21
伊拉克	–	–	–	–	44	56
43 阿富汗	–	–	–	–	–	62
刚果（金）	–	–	–	–	–	62
布隆迪	–	–	–	–	–	74
柬埔寨	–	–	–	72	47	84

*对“过去12个月中你或你的家人有没有行贿过？”的回答

**横线表示该国在这一年没有被评估

在腐败印象指数和全球腐败晴雨表中，部分国家和地区排名悬殊。在2010—2011年度的结果中有一两个出乎意料之处：卢森堡和新加坡的贿赂率似乎比预期更高，而委内瑞拉和苏丹的贿赂率显然比它们2012年在腐败印象指数中的得分显示的要低很多。不过，两种调查方法得出的总体图景是一样的：相比贫穷的专制政体或动荡国家和地区的民众，富裕和民主国家和地区的民众行贿的可能性要小得多。

结束对全球腐败晴雨表的介绍之前，有三点有必要说明一下。首先，与目前为止呈现的所有数据一样，我们在分析时经常用到“似乎”一词。很有可能，某些国家的国民比其他国家的更害怕承认曾经行贿，这会使我们对各国之间腐败情形的解释有所失真；大多数社会调查数据，不仅是那些与腐败相关的，都应该谨慎对待。

其次，全球腐败晴雨表给出的经验问题有可能让我们对小型腐败了解很多，对于考察大型腐败则没什么用处，因为多数国民很少甚至从未接触过高层官员，比如政治人物。这是多数经验调查的一个重大局限，毕竟精英腐败的破坏性通常远远大于小型腐败。 44

最后，自2003年全球腐败晴雨表首次发布以来，其与腐败印象指数调查结果的相关性已有过多次分析；令人欣慰的是，两者高度相关。

在全球腐败晴雨表以外，还有许多以一般公众的腐败经验为考察对象的调查，其中国际犯罪受害者调查（ICVS）大概是最为人所知，也是最有公信力的。遗憾的是，此项调查并非定期举行，历次调查覆盖的国家数量也有很大变化。值得强调的是，对腐败印象指数和国际犯罪受害者调查之间的相关性也有过研究，结果是两者密切相关；这让人感到振奋，数据应用者对各种印象调查的可靠性由此信心大增。对商业领域的腐败经验感兴趣的读者，应该同时查看前面提到的商业环境与企业绩效调查以及国际犯罪商业调查（ICBS），虽然遗憾的是后者只进行过一次（时间是2000年；1990年代有过类似调查，但规模更小）。

本书写作时，另一项有用的“一次性”调查的结果是2014年欧洲民意调查中心腐败问题特别报告。现在，此项调查应该是定期进行的了。这是第一次，欧洲民意调查中心在调查中向欧盟成员国询问国民的实际贿赂经验；约12%的人声称自己直接认识受贿的人（在英国是0%！），但只有4%的人遭到索贿或被期待行贿。这种总体上的平均比例可能会有误导性，因为某些国家的数字远高于其他国家。25%的罗马尼亚人和29%的立陶宛人曾遭到索贿或被期待行贿，但在光谱的另一端，在斯堪的纳维亚国家以及芬兰、德国、卢森堡、葡萄牙和英国，该比例极低
45 （不到1%）——这与采用其他调查方法获得的结果大体一致。

跟踪调查法

1990年代，世界银行提出了一种衡量腐败的富有想象力的方法，即跟踪调查。此方法主要分为两种：公共支出跟踪调查（PETS）和定量服务提供情况调查（QSDS）。对于一本入门书来说，这两种方法有些太专业了，但其基本方法和原理很容易解释。

1990年代期间，世界银行开始日益担忧，该行分配给发展中国家的资金在许多情况下无法到达目标人群手中。比如，该行

用于帮助乌干达小学生接受教育的资金，大部分从来没有交给这些学生。世界银行于是采用了一种方法，在各个行政层面跟踪其资金，一直跟踪至各所小学，并从1996年开始与乌干达政府合作推进。结果，成效相当显著：1991至1995年期间，实际到达小学生手中的数额为平均每人13美分，到2001年上升到80美分以上。这是公共支出跟踪调查的一个例子。

定量服务提供情况调查的一个典型例子来自孟加拉国。世界银行曾怀疑，该行拨到那里用于提供医疗服务的资金，多数遭到虚掷或者使用不当。于是世界银行设计了一种跟踪体系，主要是在2002年这一年中多次突然造访医疗场所，以查清哪些医疗人员缺勤。调查显示，从世界银行拨款中领取部分薪酬的约35%的各类医疗工作人员，包括40%以上的医生，在本该在岗的时候并不在岗；项目的主要研究人员因此称之为“幽灵医生”。部分医疗人员的缺勤是有正当理由的，但查明的情况是，其他许多医生都有兼职：他们在本该为从公共资金中领取的薪酬工作 46
时，却在干私活。同样的情况是，这项调查的实施本身就使局面得到了改善。

跟踪调查的一个显著优势是，它不仅能通过提供“事前和事后”的统计来衡量腐败，还能同时降低腐败，而这正是衡量腐败最终的也是最为重要的诉求。遗憾的是，与所有衡量腐败的技术一样，跟踪调查也有缺陷。比如，它只能衡量特定场合中的腐败程度，或者是行业（教育、医疗等）的或者是地区的，而不适于精确判定一个国家的总体腐败规模。它的成本，包括时间和金钱成本，同样很高：事实上，就其涵盖的范围来说，跟踪调查是本书分析的调查方法中最为昂贵的。最后，它要想顺利进行，目标国家的当局必须有意愿配合调查人员。乌干达政府对世界银行的方法和目标非常支持，坦桑尼亚当局对各种机构自1999至2004年进行的多项公共支出跟踪调查则远没有那么配合，或许是因为这种调查在他们看来属于外来干涉，因而无意参与；结果，在那里进行的公共支出跟踪调查效果就不理想。

其他方法

除以上分析的四种主要方法，研究人员还可以借助多种其他方法来判定特定背景下的腐败程度。其中之一是组织**焦点小组**。这些小组通常由8至12人组成，成员一般来自公众而不是专家，组织者鼓励他们对某个主题进行45分钟至2个小时的讨论。研究人员只充当主持人和推动者，而不参与其中。大多数研究项目都会设置许多这样的小组，讨论内容通常会进行录音

47 （有时只做笔记）。焦点小组聚集后，研究人员分析讨论内容，确定主导的印象和态度；计算机软件，比如N-Vivo[①]，在此过程中能起到协助作用。

焦点小组研究的一个优势是，相对于进行大规模调查，它组织起来成本更低、更易操作。在公众调查中，如果正确取样，且受访者的人数不少于1 000人，其结果就具有统计学意义；与此不同，焦点小组研究的结果，不能看作反映了一般公众的观点，毕竟样本太少。此外，由于小组成员能在讨论之后向当局彼此检举，这种方法不宜用来衡量腐败经验。

大多数焦点小组是以小组成员面对面的形式组织的，近来

① 一种定性分析软件，能够有效分析多种类型的数据，诸如文字、图片、录音等。

也有组织在线焦点小组的趋势；不过，多数分析人士认为这种方式不如传统方法令人满意。但有一种方法**的确**主要是在线上经由电子邮件完成的，即**德尔菲方法**。采用这种方法时，研究人员联系的是专家而不是公众成员，人数通常在8至50人。研究人员邀请他们回答许多问题，之后对回答内容分级排序。接下来，研究人员整理出最终报告，发送给每一个受访者，这是他们参与项目的激励因素。

德尔菲调查法有许多优势：成本不高；调查对象比一般公众更熟悉特定主题；参与调查者不必同时聚集一处；参与调查者可以同时提供关于腐败的详细信息，以及在具体环境中如何最好地减少腐败的专业建议。劣势也有：如果专家很忙，则耗时不短；取得一定程度的共识可能相当困难；调查结果不具有统计学意义。

第三种方法是进行访谈。比如，研究警察腐败可能要采访一系列相应机构中为数不多的对象：对于小型研究项目而言，要 48
想结果有意义，可能要采访六名警察、六名调查记者、六名法官、六名反腐败非政府组织成员；在设立了腐败调查委员会并且这些委员会发布过研究结果的国家，还要采访委员会（比如美国的纳普委员会和莫伦委员会，澳大利亚的伍德委员会和菲茨杰拉德委员会）的六名成员。这些群体之间甚至群体内部的相似和不同之处，由此就可以得到分析和解读。

对于多数项目来说，最好的方法是采用半结构式访谈。此类访谈包含一系列向受访者询问的标准问题（这样研究人员就能直接比较群体之间和群体内部的回答），同时还在这些问题之后为自由讨论留下空间；毕竟，受访者往往会提出一些与主题相关而研究人员之前不曾留意到的问题，而且如果进行的是封闭式访谈（即严格遵循事先准备的调查问卷），则通常意味着研究人员会错过宝贵的“内幕”信息和“内行”视角。

第四种方法近年来作为一种研究工具已有很大变化，这就是内容分析。过去，在有限的时间内可能要对十年周期中的一种或多种报纸进行分析；要运用这种方法，就要求精心遴选文章，可能是特定时期内的，并且要求严格遵循固定的程式。随着网络资源和搜索引擎的出现，该方法现在成本已相对低廉，某个或某些国家的媒体如何报道腐败，包括报道频率、所报道腐败的类型和程度等，都能够快速、轻易地看出。调查委员会给出的腐败报告是能够加以系统分析的另一类文件，往往也是宝贵的信息来源；主要问题则在于，这种报告相当罕见。

要想检验这一点，就得进行另一类型的研究，但可以合理
49 推测的是，公众的腐败印象受到媒体报道的数量和类型的影响。对媒体进行的内容分析无法衡量腐败本身，在当局并不系统发布官方统计的那些国家，报纸的报道有时只能让人窥见统计数据之一斑，比如刊出内政部长的一篇演讲。但是，这一方法能让人对国民或商界人士如何以及为何持有目前的腐败印象做出明智的假设。

第五，研究人员可以使用案例统计分析。这种方法需要对大量实际的腐败案例进行详细分析（通常基于媒体报道、诉讼程序以及访谈），之后对结果进行汇总和比较来确定腐败模式。此方法一般更适用于研究特定领域或地区，而不是推断全体国民的腐败，它能在很大程度上揭示特定群体内不同类型腐败的显著特点。

一种较新的方法是试验。越来越多的社会科学家正从其他方法转向试验法来检验自己的设想。原因之一是，许多人相信这种方法相比其他技术能提供更令人信服的因果解释：A是否真的**导致**B，或者它们是否以某种方式关联着，只不过我们无法圆满解释？比如，我们可能想知道，“甲国海关官员比他们的乙国同行腐败得多”这种印象有没有事实依据。要验证这一点，可以往这两个国家走私一些小额物品（这样一旦被查也只会受到小额罚款），比如免税香烟，携带双倍于规定允许的数量，计算一下两国海关官员为获得小额贿赂而网开一面的频次。

试验法很吸引人，但用在腐败这样的敏感领域可能是成问题的。比如，为了测试交警的腐败倾向，我们想弄清能多么频繁 50
地以行贿来逃避超速罚款，这可能会引起复杂的道德问题。如果我们真的超速，在统计学意义上就会增加一种可能性，即试验会把无辜公众置于危险之中。而且，公民权利的辩护者会质疑，把交警置于这种近于“钓鱼”的情境中是否说得过去。对于前一个问题，很难想出妥当的解决方法，后一个问题却可以通过确保试验只针对诱捕行动（即只用来确定早已有腐败嫌疑的警察），而非“钓鱼”（即让一个通常不会破坏规则的人直面诱惑而不能自已）来解决；读者们在这里可以回想一下食草型腐败和食肉型腐败的区别。换句话说，研究人员不会**主动**行贿来诱惑平日里正直的警察，他们只是坐等索贿。

上面描述的海关官员和警察两个场景，都涉及现实情境中的试验，因而被称为现场试验。还有一种研究在实验室中进行，在受控的环境中营造场景。与现场试验一样，对腐败程度和倾向进行的此种形式的研究也是近年来才有的，始于2000年代初期。不过这一领域的探索性研究早已带来许多启示，比如发达国家的女性通常比男性更不易腐败，在发展中国家情况则没有这么明显。

诸位可以想象，在不同类型的试验中，既包括现场试验也包括实验室试验，会出现许多道德问题和实际问题。同样应该显而易见的是，实验室试验（比如确定某些国家的国民是否比他国国民对腐败更为宽容）的结果必须谨慎对待。我们不仅需要
51 在解释结果时“跳出窠臼”来思考，在参加试验的人数量不多的情况下，还要对试验结果的普遍性持怀疑态度。由此就出现了一个重要问题，即实验室里的受控环境和日常实际行为之间的关系；有些参与试验的人在现实情境中的行为可能会截然不同。这些只是许多原因中的一部分，它们解释了为何这种原则上很有吸引力的方法，也有自己的问题。不过，与腐败相关的试验已经取得成功，给我们带来了新的视角、提出了新的问题，说明这一方法已经开启了激动人心的新的可能性；我们所要做的只是继续在技术上进行完善。

最后一种差别很大的方法是**代替**法。该方法受到一些机构，比如全球诚信组织的青睐，它声称既然我们无法圆满地衡量腐败本身的规模，更好的选择就是去探究为遏制腐败我们正在做些什么。在一年一度的（直到近年的）《全球诚信组织报告》中，全球诚信组织考察了各个国家的不同机构（政府当局、非政府组织、媒体等）所采取的措施，以及这些措施的推进和落实，并给各国打出了总体分数。这是一种有趣的替代方法，虽然也存在过于倚重官方表面声明的危险。不过，了解政治精英们表面上对腐败问题有多么重视、他们为提高诚信水平在付出什么样

的努力以及没有付出哪些努力，还是有好处的。此外，相比于其他数据来源，全球诚信组织更倚重当地专家的评估意见。2014年初，全球诚信组织着手对其所用的方法加以修正，因此最近的完整报告是针对2011年完成的，分析的国家有30多个。

现在，本章标题所提的问题应该有明确答案了：我们**能够**衡量腐败，只是不那么精确。本章概述了多种衡量腐败的方法，每一种都有可取之处，同时又都不够完美。有些方法衡量的是态 52
度，另一些衡量的是经验。有些方法想获取的是“全景”，即一国的总体腐败程度，另一些针对的是具体的机构、领域或地区。有些方法需要向一般公众发放问卷，另一些则将调查重点放在商界——这就是为何用不同方法从同一个国家得出的结果，有时看起来会截然不同的原因之一。在衡量社会腐败方面，这些方法基本上都派不上用场。因此，当我们说想要衡量腐败时，应该清楚地意识到试图弄清的**确切**内容是什么。当然，在几乎所有的研究项目中，使用的方法越多越好，即采用所谓的“混合方法”或多角度方法（从尽可能多的角度切入衡量问题）。遗憾的是，由于涵盖的国家不同、对问题的表述不同等，这一做法现在无谓地增加了难度。

不过很明显的是，富裕和稳定的民主国家一般看起来腐败最少，而贫穷的独裁国家和那些面临困境的国家腐败最甚。这一一般现象即使会有例外，也可能只是验证了规则。北欧国家几乎总是表现为腐败程度极低，无论采用何种调查方法。

综合来看，有必要强调三个重要的方面。首先，无可取代的是，对调查方法的选择要明智，要仔细权衡，对结果的解释要敏锐。复杂的计算机统计技术能为我们衡量腐败助一臂之力，但并不能代替清楚明了、合乎情理的概念化过程。

其次，这里提到的几乎所有方法都是新近应用于腐败研究中的。到1980年代，少量商业分析中纳入了对特定国家腐败程
53 度的评估，比如国家风险国际指南，但它们既没有得到普遍采用，也不像1990年代和2000年代出现的调查那样明确地专注于腐败问题。腐败印象指数首次发布于1995年，全球腐败晴雨表首次发布于2003年，跟踪调查首次实施于1996年，而试验研究的结果首次发布于2000年。最新式的内容分析法，只是因为网络资源的出现才得以实现。因此，我们无法断定近年来真的出现了“腐败井喷”；**能够**断定的是，对腐败问题的意识大大增强了。

最后，那些对衡量腐败的努力持批评态度的人，往往指责我们的技术不仅不够完善，还有可能适得其反。本来有意向捐助的人，可能会选择不为某个国家提供援助，因为各种调查方法已经显示，该国精英会从捐助中盘剥太多。令人欣慰的是，世界上打击腐败的两大机构，即透明国际和世界银行，现在已经清楚认识到，削减对高度腐败的国家的援助，对亟需援助者的伤害很可能远远大于对腐败精英的伤害。两大机构一直在以切实又敏锐的方式解决这一问题，跟踪调查只是许多可能的解决方案之一。

对于腐败的经验研究，我们仍然处于起步阶段，存在一些初期问题是意料之中的。尤其是，在衡量大型腐败方面我们仍然能力不足。但是，技术在不断完善，2012年腐败印象指数备受欢迎的改变就是一个例子。说到底，不完美但是持续改进的衡量
54 总好过完全不加衡量，后者正合腐败分子的心意。

第四章

心理-社会解释和文化解释

对腐败的任何严肃解释都必须着眼于整体。人的腐败有多种原因，即使可以找出主要动机，它也因人而异或有群体之别。假定存在某种根本的一般性解释，比如生性贪婪或逮到机会，这样的想法很天真。不过，我们还是有必要找出各种综合起来能解释腐败的影响因素，否则，试图遏制腐败就是徒劳的。本章关注的重点是个人及其与社会的关系，以及文化与腐败可能会有的关联。这里把各种因素彼此分开，纯粹是为了叙述方便；在现实世界中，它们互动、重叠，以复杂的方式彼此结合在一起。

这种互动观解释了本章和下一章对理论分析框架的选择。此种方法以安东尼·吉登斯的结构化理论为基础，该理论认为，我们既无法从个人的选择自由和行动自由（能动作用）的角度，也无法从人类身处的世界所决定的一切（结构）的角度，来充分解释人类行为。相反，人们所作的选择和决定，部分是基于自由意志，部分则受限于生活环境。这种相互作用的观念为本书的分析提供了支持，虽然通常不那么明显。 55

心理-社会因素

在分析心理-社会解释之前，我们需要理解这个词的含义。前半部分指向个人：心理学，即对心灵的研究，关注的是个人如何以及为何以现有的方式思考和行动。相反，社会学关注的是社会的组织方式和运行方式。心理-社会的方法把两者结合了起来：考察个人，也考察他们与社会环境的互动。

心理学关注的是个人，不过玄学派诗人约翰·邓恩的著名格言，即“没有人是一座孤岛”，在考察哪些可被视为纯粹个人因素时还是非常适用的。如此一来，假如我们在考察之初把“贪婪”确定为一个解释因素，显而易见的是，即使这一点也无法完全脱离社会环境。想要“更多”这一欲望与特定社会的标准相关；在富裕社会中，冰箱或电脑等许多物品被视为必需品，而在贫困社会中，它们会被视为奢侈品。

第二个因素也与个人在社会中所处的地位相关，即受人尊重和认可的需要。在《历史的终结及最后之人》一书中，弗朗西斯·福山提到了我们对thymos（从黑格尔那里借用的一个概念）的基本需求，这个古希腊词语指的是人想要获得认可的欲望。类似地，歌手菲尔·科林斯在歌曲《故事的两面》中唱到了街头的少年，少年之所以持枪，是因为手中无枪便难有尊重。如果腐败（比如受贿）意味着支出能力及与之相伴的社会威望得到提升，或者给予个人一种控制他人的感觉（比如通过提携反哺），那就可以部分地从thymos的角度得到解释。

与前述观点相关的是，某些个人之所以变得腐败，是出

于自己的野心。如果向上流动的通道显得封闭，腐败（比如 56
通过行贿进入大学，一旦当事人日后飞黄腾达，这种做法就变成了对障碍的“巧妙”应对）就能帮助野心勃勃的个人绕过路障。

在解释为何有些人会卷入有组织犯罪时，詹姆斯·芬克劳和埃林·韦林发明了“吸盘心态”一词，大意是指如果一个人被主流价值体系作为局外人看待，他或她再遵循该价值体系生活就是愚蠢的。对于腐败也可以提出类似观点。一个受到多数群体歧视的少数种族成员，如果想获得权威地位又不想从中获取私利，就会被视为失败者或“吸盘”。此种情形的一个变化形式是，有些人为了驱赶生活中的百无聊赖和千篇一律（忍受这种状态是另一个层面的“吸盘心态”）而变得腐败，以体验破坏规则的刺激。

还有一种犯罪行为理论有助于更好地理解腐败，即机会理论。顾名思义，这种观点认为，人往往会利用送上门来的机会，比如“在合适的时间处在合适的位置”。该理论可以和理性选择理论联系起来，就当前的讨论来说，理性选择理论从成本-收益分析的角度最容易理解。如果暴露的可能性极小，或者即使被发现并定罪也很可能只有一点小小的惩罚，腐败有望带来的丰厚回报就会使（无道德感的）利益最大化的个人涉身其中。

目前为止详述的所有因素，都以某种方式对个人形成正向激励。还没有说到的是反向激励。其中之一就是缺乏安全感。
缺乏安全感有时纯粹是心理上的，是个人性格造成的，可能与童 57
年时期经历的不安处境有关。但还有一种安全感的缺乏，与个人当前的社会处境有关。如果失业率正在上升，或者政府刚刚宣布要大幅减少公务员数量，有些官员就会想要利用现有的职务之便；不是因为野心或自大，而是想在还有能力时捞上一笔。这一现象可称为“松鼠的坚果”综合征[①]。

我们从上面这一点很自然地就过渡到了下面一点，即需求问题。在许多国力衰弱的国家，比如那些在革命之后正经历转型或处于冲突结束后阶段的国家，官员拿不满薪酬或薪酬发放不及时，更极端的甚至完全拿不到。在这些情形下，从事腐败行为至少在一开始是一种维持生存的应对方式。

第三个反向激励因素是来自他人，即同僚、上级或配偶的压力。就同僚的压力来说，对警察腐败的研究显示，那些加入腐败小团体的警察往往是以各种方式被迫加入集体腐败活动的；如果拒绝，就会受到排挤或遭到报复（包括暴力报复）的威胁。如果不揭发同僚的腐败，他们就成了同谋，这样自己也就腐败了。不管怎么说，这种形式的腐败最终是出于恐惧，而不是出于获得更多权力或物质财富的欲望。

恐惧因素也解释了为何某些警察对于自己明明知道的有组织犯罪行为不予告发。犯罪团伙有时会发出威胁，警察如果告发其活动，就会伤害他们的孩子或配偶。在此情形下，警察仍然是腐败的，他们出于私人原因而渎职了（即置家庭于国家和社会责任之先）。不过在这类情形下，警察的不作为如果被发现并受到指控，法官或上级的处置会比较温和，毕竟这属于白色或灰色
58 腐败。

另一类不端行为也与恐惧有关，但通常被视为灰色或黑色

① 松鼠为了过冬，喜欢在窝里囤积大量坚果。

腐败。在此情形下，某个身居要职的人由于受到胁迫而滥用职权，一般是落入了圈套。

另一种犯罪行为理论即标签理论，能够帮助我们更好地理解腐败原因。该理论的最初版本与霍华德·贝克尔有很大关系；后来的一个理论，即约翰·布雷思韦特的“羞辱”观，与之密切相关。标签理论的基本观点是，一旦国家或社会给人贴上罪犯的标签（或加以羞辱），他们很可能就会一直是罪犯，除非采取措施加以纠正。其中的主张是，对于初犯，至少是不那么严重的不端行为，最好不要作为罪犯对待，否则后面犯罪率就会上升；接纳比排斥更好。这个主张可以略作修改应用于腐败情形。比如，如果媒体一直渲染海关官员的腐败，言过其实，其中某些之前廉洁自律的人可能就会开始腐败，理由是“既然无论如何都不相信我们，就让他们见鬼去吧！”不被信任的感觉会强有力地推动人破坏规则。

目前为止，我们关注的都是能够解释个人为何腐败的因素。我们从主流犯罪理论中借用的最后一个理论，探讨的问题却是为何更多的人并**不**加入反社会活动。毕竟，如果理性选择理论是正确的，那么在抑制因素明显超过激励因素之前，无疑应该会有**更多**的腐败。

在1969年的一本书中，特拉维斯·赫希提出了“控制理论”，在这一最早的提法中，他认为个人与群体之间关联的强度是解释行为的重要因素。若假定群体基本上是守法的（从广义上说），个人和群体之间的密切联系就能成为对个体的控制因素。相反，脆弱的联系则意味着个人更有可能追逐自身利益，而 59
不考虑由此会给他人带来什么影响。在后来的一项分析中，赫希与米凯尔·戈特弗里德松联合提出了一种理论，并大胆地称之为一般犯罪理论。该理论同样聚焦于控制，只是更关注个人的自我控制。两人主张个人的自我控制部分地来自社会化过程，因此很明显，他们的观点与本书提倡的互动性结构化观点颇为契合。同样应该能明显看出的是，控制理论有助于解释为何有更多的掌权者并不违规地利用职务之便。

在结束心理-社会解释之前，还有一个概念几乎确定无疑是相关的但本质上又无法证明，那就是内在道德。根据许多哲学和宗教的观点，所有人都有天生的是非感，社会环境决定着我们在多大程度上向善还是为恶。

文化解释

为何西北欧的国家看起来比东南欧的国家腐败程度低得多，又为何多数欧洲国家看起来比多数拉丁美洲或非洲国家腐败程度要低？在拉丁美洲，为何巴巴多斯、智利和乌拉圭看起来比该地区的其他国家腐败程度要低，又为何博茨瓦纳成为撒哈拉沙漠以南的非洲国家中的亮点，被视为腐败最少的国家？一些分析人士试图从文化差异的角度来加以解释。我们还记得，文化在本书目前的语境下指的是一个社会中主流的价值、态度和行为。它们可能与以下因素相关联：宗教和哲学传统的影响、社会中的信任度、国家是否曾被殖民、不久前是否有过独裁
60 统治。

从宗教和哲学传统开始，在由腐败印象指数（见第三章）衡量的印象腐败程度和主流宗教之间有着明显的相互关联。在人们印象中，新教国家往往比天主教国家腐败程度更轻，后者又被

视为轻于东正教国家。

对于为何新教国家一般比天主教国家腐败程度更轻之类的问题，有一些有趣而别出心裁的联想，比如着眼于历史的理论，即新教的兴起是为了反抗天主教会的腐败，这种对腐败的厌恶历经数个世纪而延续下来；再比如一个事实，即天主教徒可以在忏悔室中卸下罪孽，新教徒却不得不为自己的罪孽承担个体责任。罗纳德·英格尔哈特等人提出了另一种解释，即层级更多的体制往往更为腐败，天主教就比新教层级更多。

但是，这种相互关联可能并不存在，模式也可能很有误导性。比如，人均国内生产总值、民主化程度、信任程度和国家总体治理水平，这些因素与印象腐败程度（以及实际经历的小型腐败）之间的关联性，至少不比宗教和哲学等文化变量与其关联性更弱。无疑，人口较少的国家在腐败印象指数中占“腐败程度最轻”国家的多数，说明国家的大小与腐败文化具有某种关联。然而，在最腐败的国家中也有小国，这就使我们不得不重新审视，至少是修正这一假定。

对于宗教传统有助于解释不同的印象腐败率，或者至少与之相互关联这一假设，学者丹尼尔·特赖斯曼进行了检验。在一篇对腐败原因的出色分析中，他发现虽然新教与腐败程度低紧密相关，在其他宗教传统中却无法找出这种密切的相关性。 61

文献中经常提到的第二种文化价值是对家庭和国家的态度。根据这种观点，在那些对亲人和朋友的忠诚（家庭主义）重于对国家的忠诚的文化中，某些形式的腐败，尤其是社会腐败，比在不那么以家庭为核心的文化中要更为普遍。如社会研究的许多方面所显示的，如何定义并衡量家庭主义的程度，会对研究项目的结果产生影响。无疑，相比于个人主义特征强烈的文化，大家庭特征明显的国家一般的确显示出更高的腐败率，因此这一因素可以部分地解释西北欧和东南欧（以及之前指出的新教和天主教）之间的差别。不过在此必须多加小心，因为大多数衡量技术关注的都是经济腐败而不是社会腐败。高度的经济腐败和高度的社会腐败之间可能有相关性，但这一点必须经由经验调查来确定。

对家庭、国家和当局的主流态度与国家的合法性有关。若公众基本上都相信国家，并赋予政权高度的合法性，很可能腐败就较少。不过，应该很容易看出的是，这是一个鸡生蛋和蛋生鸡的问题；如果大多数官员有正直的名声，国民就会更加信任当局。

不过，埃里克·乌斯拉纳表明，与印象腐败程度相关联的不仅是对当局的信任程度；我们对他人，尤其是陌生人的信任度，也是一个因素。基本上，社会信任度越低，腐败程度越高。

我们的第五个变量关注的是过去的历史对当前态度和行为的影响。有人主张，前殖民地更容易腐败。这个观点包含多层
62 意思。利·加德纳主张，殖民地政府通常无力亲自收税，要依靠地方税务员，而后者往往从当地的部分人手中受贿，并不会照章征税；待到殖民力量撤走，这种做法已经根深蒂固，在后殖民时代延续下来。关于殖民主义的影响，另一个观点是，既然国家当局长期以来在当地人看来是从外部强加的，没有合法性，国民和部分地方官员在欺骗国家时就没有良心上的不安；同样地，这种态度一般也会延伸到后殖民时代的背景中。

殖民主义的影响或许有助于解释腐败程度，但其说服力是有限的。最最起码，这个观点是需要改进的。例如，有证据表明，前英国殖民地总体上比前法国或前葡萄牙殖民地腐败更少（仅仅是总体上，明显的例外包括尼日利亚和巴基斯坦），这可能意味着殖民时期国家政府的合法程度有别。另一个观点是，某些被视为帝国主义者的政权，比如苏联时期的俄罗斯，本身就留下高度腐败的印象；因此在一个所谓的殖民地中，比如在爱沙尼亚，许多人会回避腐败，以免让自己"堕落"到与殖民者为伍的地步。

许多帝国主义国家留给前殖民地的一个遗产是法律体系。按简单的二分法，这些法律体系一般分为普通法法系和民法法系。前者基于法律先例，常见于英语国家，而后者基于成文法，在欧洲大陆占据主流。有人指出，普通法法系国家比民法法系国家一般腐败更少。原因在于，前者的司法制度更独立于政治精英，使这些精英更不易卷入社会腐败，比如提携反哺。同时也因为，民法法系中司法制度不那么透明。其部分原因在于，本来可以对容易腐败的法官形成遏制的一般公众，由于陪审制的缺 63
乏，在该法系中的作用被削弱了。

另一方面，正因为通常更独立于政治精英，普通法法系中的法官可能会发现，从私人企业中受贿更容易逃避处罚。耶鲁大学的苏姗·罗斯-阿克曼因此明智地认为，两种法系都有可能促成腐败；这一点是否会明显表现在法官群体身上，与其说取决于制度安排，不如说是由法官本身的操守和态度（司法文化，见图4）决定的。通常，这相应地又与他们所在国家的一般文化，即社会上对腐败行为的主流态度有关。

此处提到的司法文化又导向一个更宽泛的问题：社会上对法律的主流态度，即是否存在法治文化。目前为止有充分的证据表明，健全的法治文化与低腐败程度密切相关。相反，当局的高度专制则与高度腐败难分难解。

相比于民主国家，国家的蛮横行为在威权国家身上远为常见。正如身为殖民地的历史可能会影响特定社会中对腐败的态度，也影响其中腐败的规模，威权制度或极权制度的历史也会打下烙印，影响当代的价值观念。比如，部分由于商品短缺，人们被鼓励从事各种勾兑行为。行贿可以确保获得紧缺物品。另一种普遍做法是“布拉特”，在第一章我们简短考察过。按照阿廖娜·列杰涅娃对此的经典分析，“布拉特”就是：

图4　司法腐败由来已久

> 利用私人关系网和非正式接触来获得短缺的物品和服务，并绕过正式程序。这个词实际上无法直接译成 64
> 英文。

苏联和其他类似社会中的公民之所以想出复杂方式来避开制度，另一个原因在于制度过于封闭。列宁认为共产党员是由政治上最有觉悟的人（社会“先锋”）构成的，由此看来，理论上他们在发展党员时是极为严格的。然而，要在体制内求取进阶，入党几乎总是必要的。对于未来仕途上的贵人，许多人欣然拉拢关系，不嫌亲昵。

许多当代国家曾经或者现在仍是威权制，也存在一些容易滋生腐败文化的特征。其中多数曾是殖民地，而殖民遗产的影响我们已经考察过。除此之外，在威权制下精英通常捞取国家 65
财富并藏匿至难以查清的海外银行账户，同时剥夺国民调查和公开批评的权利，从而败坏风气——这一事实本身就降低了大众对制度的信任，从而降低了制度的合法性。如此一来，国民和官员对破坏体制规则都不那么愧疚，在机会来临时都会利用体制。

对于腐败的经验研究，近年来有一个更具想象力的例子，支持如下观点：某些国家的官员比他们其他地方的同行们要腐败得多。雷蒙德·菲斯曼和爱德华·米格尔研究了1997至2005年间纽约市外交官的非法停车行为，总结称“在非法停车和外交官的母国对腐败的当前态度之间有密切关联。即使身处数千英里之外，外交官们的行为方式也极易让人想起他们祖国的官员们”。这当然属于对腐败的文化解释。

腐败的社会建构

在特定环境（国家或地区）中对腐败文化的任何综合分析，都需要考察腐败问题是如何形成或建构的。分析人士如安德拉斯·绍约断言，许多转型国家（言下之意即发展中国家）中的腐败“问题”被虚伪的西方国家出于既得利益考虑而夸大了。不可否认的是，发达国家的确存在许多腐败，但绍约说转型国家的公民不像西方批评者声称的那么关心腐败，可能言过其实；调查结果显示，他夸大了公众对腐败的淡漠程度。

66 不过，腐败的社会建构还有一个方面值得一提。一些分析人士合理地强调了一个事实，即腐败官员往往比“一般”罪犯受到的处理宽大得多，并把这个事实与我们为不同的犯罪贴上的类型标签关联起来。如此一来，有组织犯罪一般就被视为“下层社会”的常见现象，而广义上的白领犯罪，包括许多形式的腐败，则被视为“上层社会”犯罪。事实上，窃贼可能偷少数几个人的钱并给他们留下心理创伤，而腐败官员（或者经理，如果对腐败进行宽泛定义的话）可能对数百、数千，甚至在极少数情况下对数百万人造成严重的负面影响；相对于犯罪的影响来说，这种标准不一的处罚可能极为不当。在这里，认为上层社会犯罪不如下层社会犯罪那么严重的社会主流态度（文化），有助于解释为何对前者的惩罚一般比对后者的更为宽大；更轻的惩罚意味着官员破坏规则时顾虑更少。

我们已经表明，个人和文化两方面的许多特征有助于理解各国之间不同的腐败率和腐败类型。必须警惕的是，这些解释不能推得太远；比如，具有类似宗教传统的国家腐败程度可能截然不同，而许多未成年人虽然没有像成年人那样卷入犯罪活动或其他形式的严重反社会行为，却依然有过痛苦的经历。

最后要说的一点是，我们要同样警惕，不能过于坦然地接受精英甚至学者的一类主张，即外人所批评的“腐败”只不过是特定国家的文化的一部分，其他人谴责“传统做法”是不妥当的。比如，就腐败问题写过多部专著的马来西亚社会学家赛义德·侯赛因·阿拉塔斯就批评部分西方人，这些人声称腐败在
发展中国家比在发达国家更受到容忍，因为它是发展中国家文 67
化的一部分。对于阿拉塔斯来说，这种立场是傲慢的，他呼吁对
腐败要一致谴责。 68

第五章

制度相关的解释

仅仅着眼于个人对腐败所作的解释是不完整的；所有人都从属并受制于环境，我们在此环境下生活和工作。文化已经考察过了，本章的重点是结构因素或制度相关因素；为便于分析，我们将这些因素分为经济的和政治的。

经济因素

近年来已有人指出，经济制度和政策的许多方面都与腐败程度相互关联。其中最为普遍的方面之一，关注的是国家卷入经济活动的程度。该观点由国际货币基金组织的维托·坦齐及其他一些人提出。粗略地说，该主张认为国家越是卷入经济活动，腐败就会越多。乍一听，这种观点似乎很有道理；毕竟，国家卷入经济活动越深，一般就意味着官僚机构越庞大，国家官员和商界人士之间的互动就越多，而这两个方面都容易引起腐败。更多的国家干预通常意味着官员有更多的机会“寻租”——此处意指他们能向愿意支付回报的个人或公司售卖对其有利的决

策来获取额外的不当收入。 69

然而，约翰·耶林和斯特罗姆·撒克的研究显示，一方面，国家机器的规模以及国家在颁发商业许可方面干涉经济的程度，与要求商业企业俯首听命之间并无明确关联；另一方面，前者与腐败程度之间同样无此关联。世界经济论坛每年发布关于各经济体全球竞争力的报告（全球竞争力报告），考察的部分内容就是：要创办并运营一家企业，需要获得多少项许可以及其他形式的官方文书。这一点可以通过将2012年腐败印象指数中前10位和后10位国家的排名，与它们在2012—2013年度全球竞争力报告“政府负担指数”中的排名进行比较来表明（该指数所提的问题是：在你的国家，企业在遵守政府的行政性要求，比如许可、规章和报告方面负担有多重？排名越低，负担越轻）。

表3表明，腐败程度与政府对经济活动的干预程度并不密切相关，像塔吉克斯坦、柬埔寨之类显然高度腐败的国家，官僚程度比丹麦、挪威、加拿大还要低；但是前两者，加上乍得、吉尔吉斯斯坦和利比亚，在2012年的评估中都比澳大利亚官僚程度更低，而澳大利亚对企业合规性的要求是极高的。

然而，全球竞争力报告中比“政府负担指数”包含更多变量的综合指标，即全球竞争力指数（GCI），却显示出两者之间更密切的相关性。在表4中，新西兰的排名属异常数据，澳大利亚也是，虽然没有那么明显；印象腐败程度和经济竞争力综合水平之间的变化却比表3中的变化小得多。

要考察的另一项经济变量是**私有化**。一直以国有体制为主的经济体在进行私有化的过程中会产生许多腐败机会，因为部分商界人士在投标时会提供贿赂和回扣，以不公平地获得相 70

对于其他人的优势。对于1990年代后共产主义转型国家中的高度腐败，这个因素很能说明问题。但是，私有化也是对经济管理所持的新自由主义（或华盛顿共识）态度的关键特征，该观点自1970年代末以来已经在全球得到普及；即使在德国这样的国家，也有人指控存在与私有化相关的重大腐败丑闻（虽然是与后共产主义东德的私有化过程相关的）。

表3　印象腐败程度与政府管制程度相比较

国　家	2012年腐败印象指数排名	2012/2013年全球竞争力报告政府管制负担排名	国　家	2012年腐败印象指数排名	2012/2013年全球竞争力报告政府管制负担排名
丹　麦	1=	69	吉尔吉斯斯坦	（135）	92
芬　兰	1=	6	也　门	（136）	119
新西兰	1=	14	柬埔寨	（137=）	42
瑞　典	4	31	塔吉克斯坦	（137=）	22
新加坡	5	1	利比亚	（139）	61
瑞　士	6	16	津巴布韦	（140）	107
澳大利亚	7=	96	布隆迪	（141=）	121
挪　威	7=	64	乍　得	（141=）	95
加拿大	9=	60	海　地	（141=）	115
荷　兰	9=	34	委内瑞拉	（141=）	143

说明：全球竞争力报告和腐败印象指数分析的国家和地区数量有别（2012年分别为144个和176个）。为便于比较两项排名，腐败印象指数包含但全球竞争力报告不包含的国家和地区没有列出，其余国家和地区则以144为总数重新排名。简言之，表3中腐败印象指数排名后10位的国家，是同时出现在全球竞争力报告中的排名最靠后的国家，这就解释了为何表3中腐败印象指数排名“后10位”的国家与表1中的后10位并不相同；表
71 3中的括号就是为了突出这一点。

表4　印象腐败程度与经济竞争力整体水平相比较

国　家	2012年腐败印象指数排名	2012/2013全球竞争力指数排名	国　家	2012年腐败印象指数排名*	2012/2013全球竞争力指数排名
丹　麦	1=	12	吉尔吉斯斯坦	(135)	127
芬　兰	1=	3	也　门	(136)	140
新西兰	1=	23	柬埔寨	(137=)	85
瑞　典	4	4	塔吉克斯坦	(137=)	100
新加坡	5	2	利比亚	(139)	113
瑞　士	6	1	津巴布韦	(140)	132
澳大利亚	7=	20	布隆迪	(141=)	144
挪　威	7=	15	乍　得	(141=)	139
加拿大	9=	14	海　地	(141=)	142
荷　兰	9=	5	委内瑞拉	(141=)	126

* 此处使用括号的用意见表3的说明。

不过，国家将资产出售给私人企业过程中经常出现的腐败问题，也不是全然无望。毕竟，当政府确定多数或所有在它看来合适的企业都已经私有化时，私有化过程一般会有结束的一天，至少会在经济政策中变得不那么明显。另一方面，对经济管理的新自由主义态度的另一个关键特征是，政府应该把之前亲自承担的任务和服务**外包**出去。通常，外包需要向私人公司招标，由此就产生了新的腐败机会。更何况，与私有化的情形不同，外包创造的腐败机会会一直存在。例如，某座城市可能决定将公共交通系统外包，为了确保负责运营的私人 72
公司不会懈怠，城市当局坚持每五年重新投标一次——每次重新商定合同，都为腐败创造出机会。腐败、私有化和外包之间的纠缠关系，被视为1990年代英国腐败程度上升的主要因素；戴维·霍尔主张："公共部门的承包合同和特许权利是造成英国腐败现象的罪魁祸首，政府倡导的私有化又为其火上浇油。"

新自由主义的支持者强调，他们主张的是自由市场优先于混合经济（即在国家和私人企业之间区分劳动和所有权的经济形式），这样的强调以各种方式加剧了腐败。比如，新自由主义鼓励的私有化和外包导致许多国家官员被解雇，无论他们多么忠诚、勤奋、资深。心系"裁员"（这个词现在基本上由不那么刺耳的"合理精简"取代）往往导致官员更为缺乏安全感，对供职机构的忠诚也显著降低，而这两方面都极易引起腐败增加；它们有可能引发第四章提到的"松鼠的坚果"综合征。新自由主义另一个容易鼓励腐败的方面在于关注目标而不是手段，实现宏大目标的重要性往往被置于正当程序之前。

新自由主义对市场自由最大化的关注，与全球化经济政策紧密相关，后者也试图将国家在经济中的作用降到最低并实现市场自由最大化，尤其是在国际贸易中。日本的大前研一等作家将此情形称为"无国界世界"。这种说法可能会引起误解：全
73 球化虽然降低了国际贸易的门槛，使**资本**前所未有地在全球自由流动，却并没有明显地使人的流动更加自由。也有人员流动更为自由的例子，尤其是欧洲的申根区，在那里人们可以在国与国之间走动而无须出示护照；但在其他方面，人要跨越国界变得更难了，特别是想要在新的国家定居时。虽然在申根区**内部**人的流动更为自由，要进入这个区域却更为困难，有些分析人士由此称之为"欧洲堡垒"。此种状况鼓励了腐败，因为一贫如洗或

冲突频仍的国家中那些绝望的公民会为了更好的生活向偷渡中介付费，后者反过来又贿赂海关和入境官员，让他们在“货物”过境时视而不见。

在分析腐败时有一个常被引用的公式，即罗伯特·克利特加德的等式C=M+D−A，其中C代表腐败（corruption），M代表垄断（monopoly），D代表自由裁量权（discretion），A代表问责（accountability）。据此看法，官员的自由裁量权越大，腐败就越多，除非对这些官员有严格的问责机制。经常与之相关的一个领域是税收。如果采用的是累进税制（即收入或利润越高，税率越高），部分个人和企业就会贿赂税务官员，让自己的收入或利润按照低于实际的标准来认定。印度的政策组织在1980年代中期进行的一项研究估计，75%以上的税务监察员有受贿行为，而68%左右的通过注册税务师来报税的纳税人有过行贿行为。

不幸的是，单一税制是否能够大大减少此类腐败的机会，是要打个问号的。这样的税制意味着，税务官员无法以腐败方式把收入或利润认定得比实际更低，从而让个人或公司避开较高的纳税等级，但是他们仍然可能在受贿之后把应税所得认定得比实际更低，从而协助逃税。 74

与腐败程度密切相关的一个经济变量是国家的财富总量，以人均国内生产总值来衡量。许多复杂的经济分析都显示了这种相关性；就我们眼下的关切来说，最重要的发现是，国家越穷则腐败程度越高，鲜有例外。要表明这一点，一个简单的方法是比较腐败印象指数中排名前12位和后12位国家的人均国内生产总值（见表5，这一次恢复了腐败印象指数的完整名单，如此一来排名后12位的国家就与表1相同了）。

表5　印象腐败程度与人均国内生产总值相比较

国　家	2012年腐败印象指数排名	2011年人均国内生产总值(美元)*	国　家	2012年腐败印象指数排名	2011年人均国内生产总值(美元)*
丹　麦	1=	59 898	布隆迪	165=	247
芬　兰	1=	48 678	乍　得	165=	1 006
新西兰	1=	36 919	海　地	165=	732
瑞　典	4	56 755	委内瑞拉	165=	10 728
新加坡	5	51 242	伊拉克	169	6 019
瑞　士	6	83 087	土库曼斯坦	170=	5 725
澳大利亚	7=	62 081	乌兹别克斯坦	170=	1 545
挪　威	7=	99 173	缅　甸	172	无数据
加拿大	9=	50 578	苏　丹	173	1 538
荷　兰	9=	49 886	阿富汗	174=	614
冰　岛	11	44 031	朝　鲜	174=	无数据
卢森堡	12	111 913	索马里	174=	无数据

75　* 数字来自世界银行

表5中的关联性比本章考察的其他关联性要弱，但该表清晰表明，腐败程度越高则生活水平越低（以人均国内生产总值衡量）。虽然新西兰是排名前10位（腐败最少）的国家中人均收入最低的，它的数字仍比腐败印象指数中排名后10位国家中表现最好的（委内瑞拉）要高2.5倍，而委内瑞拉又比后10位国家中富裕程度紧随其后的两个国家，即伊拉克和土库曼斯坦的数字要高得多。

在图5中，印象腐败程度（2012）和国内生产总值（2011）之间的相关性很明显；22个点中的每一个分别代表着以下国家之一：8个印象腐败程度最低和8个印象腐败程度最高的国家，以及6个腐败印象指数排名正好居中的国家（88位）。

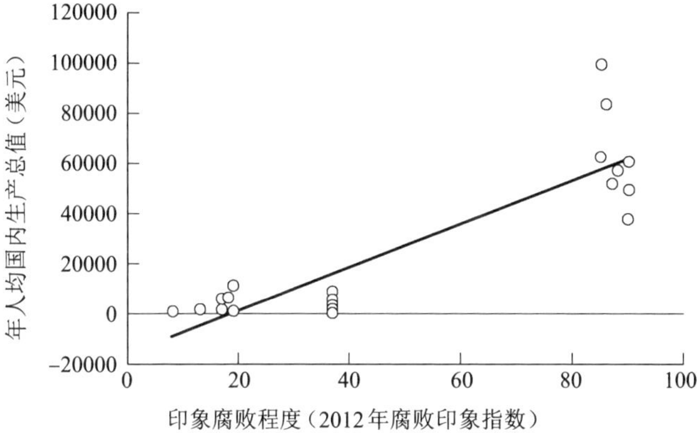

图5　印象腐败程度与人均国内生产总值对比图

如果较高的人均国内生产总值分布得相当不均衡呢？会不会影响国内生产总值和腐败之间的相关性？柳钟醒和桑吉维·卡格拉姆于2005年发表的一篇分析很有解释力；在对129个国家进行的一项复杂研究中，他们表明收入差距越大通常意 76
味着腐败程度越高。

现在我们来考察腐败与国际经济因素之间的关系。一般的假定是，在对外贸易中采取保护主义措施的国家（给国内供应商比国外供应商更多的优待，比如通过征收进口税）比更为开放的国家要腐败。普山·杜特从经验上检验了这一点，得出结论认为，采用保护主义制度的国家，其官员的确比鼓励自由贸易国家的官员更为腐败。他的研究相当有力，令人信服。但我们不应忽视一个事实：腐败规模不仅指有多少官员受贿，也指贿赂的平均数额。如此一来，更为自由的贸易政策就意味着，比发展中国家或转型国家的公司远为庞大、财力远为雄厚的国外公司，能比国内公司提供数额大得多的贿赂。各公司为了获得海外订单所提供的某些贿赂，数额惊人。2010年，瑞士泛亚班拿货运代理公司在美国一家法院承认，曾于2002至2007年间在7个国家共行贿4 900万美元。泛亚班拿以这种方式提供协助的公司中就包括石油巨头荷兰皇家壳牌，后者承认曾向尼日利亚转包商支付200万美元以规避“出口手续”。

转型国家和发展中国家经常向富裕国家，以及国际货币基金组织和世界银行等国际组织寻求经济援助或获取贷款。不幸的是，在多数情况下，援助和贷款中有很大一部分最终落入了这些国家国内精英的海外银行账户中。简言之，本来是为了让贫困人口受益的行为，结果往往变成精英又一个大有赚头的腐败机会。根据透明国际的《2004年全球腐败报告》，由于领导人

77 从此类以及其他资金中捞取油水而受损最多的国家包括印度尼西亚（苏哈托）、菲律宾（马科斯）、扎伊尔（蒙博托）、尼日利亚（阿巴查）和海地（杜瓦利埃）[①]。

政治因素

经常有人主张国家机构越庞大腐败越多，这个观点受到一些人的质疑，他们援引瑞典作为有力的例证：该国国家机构庞大，同时腐败程度明显不高。不过，这可能仅仅是常规中的一个例外。戈·科特拉、凯苏克·奥卡达和苏万罗恩·桑烈在2012年的一篇文章中提出了更有说服力的观点。基于对82个国家的分析，他们

① 括号内为相应国家的领导人。

得出结论称腐败与政府规模之间关系复杂，需要引入第三个变量，即民主程度。情况似乎是，政府规模的扩张往往导致民主健全的国家腐败减少，但在没有或几乎没有民主的国家则会加剧腐败。

第三章已经表明，根据目前尚不完善的衡量技术得出的结果，民主确立已久的稳定国家看起来比独裁国家或动荡体制要更少腐败。情况无疑是，后一种制度下的许多公民有过切身的行贿经验（主要是向警察、医务人员和教育工作者），而大多数西方人遇到的这种小型腐败要少得多。如果回头看我们的印象腐败程度最高和最低的国家名单，并将这些排名与政治制度类型（如2012—2013年度《经济学人》民主指数所评估的）进行比较，这种格局就清晰地显现出来了（表6）。

在印象腐败程度最低的国家中，新加坡是唯一真正数值异常的；除此以外，格局清晰：在腐败印象指数和《经济学人》民主指数中都出现的所有严重腐败的国家，不是混合型（半威权）就是威权制国家，排名后六位的全部是威权制国家。 78

不过，表6可能存在一些误导。近年来在确立已久的民主国家中，并不缺少**高层次**的（精英的）腐败案例。自1990年代以来，西方许多备受瞩目的腐败都有一个关键特征，即与政党筹款有关。成熟民主国家的个体领导人和其他政治人物看来更有可能卷入的腐败行为，其目的在于帮助自己的政党而不是充实个人腰包（虽然帮助政党赢得竞选无疑能最终使自己受益）；举个例子，这一点与赫尔穆特·科尔和雅克·希拉克的情况都有关。此类涉及政党的腐败有时也适用于发展中国家和转型国家，但在这些国家，被指控和查实的为个人捞取私利的精英腐败要比发达国家多得多。

表6　印象腐败程度与民主程度比较

国　家	2012年腐败印象指数排名	2012/2013年《经济学人》民主指数排名	2012/2013年《经济学人》民主指数分类	国　家	2012年腐败印象指数排名	2012/2013年《经济学人》民主指数排名	2012/2013年《经济学人》民主指数分类
丹　麦	1=	4	完全民主	布隆迪	（157=）	125	威　权
芬　兰	1=	9	完全民主	乍　得	（157=）	165	威　权
新西兰	1=	5	完全民主	海　地	（157=）	116	混　合
瑞　典	4	2	完全民主	委内瑞拉	（157=）	96	混　合
新加坡	5	82	混　合	伊拉克	（161）	113	混　合
瑞　士	6	7	完全民主	土库曼斯坦	（162=）	162	威　权
澳大利亚	7=	6	完全民主	乌兹别克斯坦	（162=）	161	威　权
挪　威	7=	1	完全民主	缅　甸	（164）	155	威　权
加拿大	9=	8	完全民主	苏　丹	（165）	154	威　权
荷　兰	9=	10	完全民主	阿富汗	（166=）	152	威　权
冰　岛	11	3	完全民主	朝　鲜	（166=）	167	威　权

要点：《经济学人》民主指数把国家分为完全民主国家、有缺陷民主国家（表6中不包含）、混合制度和威权国家。

说明：排名后11位的国家在腐败印象指数和《经济学人》民主指数中都有列出；由于2012年后者所评估的国家和地区（167个）比前者（176个）更少，表6所称的最为腐败的国家与实际腐败印象指数给出的国家并不完全一致（这一点在表中由括号进行了强调）。

不过，即使在这里，所进行的区分往往也过于绝对。如第二章所述，分析腐败的一大难点在于是否将政治游说纳入进来。纳入或不纳入两种意见都有可取之处，如果游说公开透明，我们在此将避开这个困难问题。但是，有大量游说是模糊的，可能与“收买国家”彼此重叠。按照乔尔·赫尔曼和丹尼尔·考夫曼的说法，它们在许多后共产主义转型国家阻碍着政治和经济改革进程。两人的观点受到了挑战，比如一些分析人士断言这种观点过于简洁：有时无良商人并非收买议员和公务人员，而是自己加入政治精英队伍。从某种意义上说，两种立场都正确又都不正确；情况千差万别，对于一个国家来说是正确的东西在另一个国家就不正确了。不过很明显的是，这一现象绝非仅限于转型国家或发展中国家。

发达国家的议员有时也会出卖他们在议会中的投票权。
在英国，有许多“金钱换议题”丑闻，上下两院议员都曾被控 79
为获取贿赂而在议会中提出议题并不当地促进游说者（其中
有些人实际上是调查记者假扮的）的利益。2013年，前劳工
大臣坎宁安勋爵和前保守党前座议员帕特里克·默瑟就受到
了这样的指控。在坎宁安的案子中，上议院调查认定，没有充
分证据表明存在有必要进一步调查的渎职行为。不过默瑟还
是辞去了保守党党鞭职务，并于2014年4月宣布即将退出议 80
院，而在紧随其后的5月，标准委员会的一份报告显示他蓄意
回避了政治辩护规则，建议对其处以暂停下议院议员职务六
个月的处罚。

在德国社会学家马克斯·韦伯看来，运转良好的现代国家不仅应该实现民主，还应该拥有健全的法治文化；事实上，韦伯对后

者的关心更甚于前者。自2010年起，华盛顿和位于西雅图的“世界正义工程”开始统计法治指数（RLI）；2012—2013年度的法治指数共评估了97个国家和地区。遗憾的是，法治指数并不对国家和地区进行单一的总体排名。不过，其中的第五项因素（“开放政府”）包括四个变量，被多数法治研究专家视为法治的关键要素：法律被公之于众且方便查阅，法律较为稳定，公民有权向政府请愿并要求参政，官方信息经要求可以查阅。以上变量并未涵盖法治的所有关键方面，比如无人凌驾于法律之上和法律不应溯及既往，但还是有益地汇集了许多因素，这些因素正是判定一国或一地区的法治程度时应该考察的。有鉴于此，我们可以再次看看各国和各地区的印象腐败程度，这一次是因为它们看起来与法治相关联（见表7）。

与之前一样，除新加坡、肯尼亚、吉尔吉斯斯坦和乌克兰这样的例外，大多数国家和地区的印象腐败程度和法治程度之间具有明显的相似性。事实上，一国或一地区腐败的多寡可被视为其法治文化的一个指针。

许多发展中国家抱怨，在腐败印象指数中关注受贿者（腐
81 败的需求方）同时又基本上忽视行贿者或同意行贿者（供给方），这是不公平的；于是，透明国际于1999年推出了行贿者指数（BPI）。该指数邀请商界人士（早年的行贿者指数只请发展中国家和地区的商界人士）列出一些国家和地区，那里的公司最有可能行贿以换取订单。行贿者指数每三至四年发布一次，现在也向发达国家和转型国家的商界人士发放问卷，让他们评估各国和各地区企业的行贿倾向。该指数关注的是世界上主要的出口国家和地区，纳入排名的不到30个。2011年

表7 印象腐败程度与法治程度相比较

国家/地区	2012年腐败印象指数排名	2012年世界正义工程法治指数	国家/地区	2012年腐败印象指数排名	2012年世界正义工程法治指数
丹 麦	1=	8	肯尼亚	（86=）	64
芬 兰	1=	7	尼泊尔	（86=）	79
新西兰	1=	4	尼日利亚	（86=）	90
瑞 典	4	1	巴基斯坦	（86=）	92
新加坡	5	19	孟加拉国	（90=）	89
澳大利亚	（6=）	5	喀麦隆	（90=）	95
挪 威	（6=）	3	乌克兰	（90=）	62
加拿大	（8=）	6	吉尔吉斯斯坦	（93）	61
荷 兰	（8=）	2	柬埔寨	（94）	83
德 国	（10）	16	津巴布韦	（95）	97
中国香港地区	（11）	10	委内瑞拉	（96）	84
比利时	（12）	21	乌兹别克斯坦	（97）	88

说明：和本章大多数表格一样，由于包含的国家和地区数量少于法治指数所涵盖的，本表对各国和各地区原腐败印象指数重新进行了排名（这一点同样用括号加以强调）。 82

表8　2011年行贿者指数

国家/地区	排　名	分　数
荷　兰	1=	8.8
瑞　士	1=	8.8
比利时	3	8.7
德　国	4=	8.6
日　本	4=	8.6
澳大利亚	6=	8.5
加拿大	6=	8.5
新加坡	8=	8.3
英　国	8=	8.3
美　国	10	8.1
法　国	11=	8.0
西班牙	11=	8.0
韩　国	13	7.9
巴　西	14	7.7
中国香港地区	15=	7.6
意大利	15=	7.6
马来西亚	15=	7.6
南　非	15=	7.6
中国台湾地区	19=	7.5
印　度	19=	7.5
土耳其	19=	7.5
沙特阿拉伯	22	7.4
阿根廷	23=	7.3
阿联酋	23=	7.3
印度尼西亚	25	7.1
墨西哥	26	7.0
中国大陆地区	27	6.5
俄罗斯	28	6.1

83

行贿者指数调查结果见表8（打分为0—10，分数越高行贿倾向越低）。

关于表8要强调的一点是，虽然其排名与腐败印象指数排名密切相关，行贿者指数所涵盖国家和地区的分数差距（6.1—8.8）要比后者小得多。

西方国家的公司看上去不太可能行贿是事实，但不应遮蔽另一事实：近年来有许多总部位于西方的大型跨国公司，都曾被曝为获取海外订单或其他形式的优待（比如减税）而行贿或提供回扣；除之前列举过的，其他引人注目的例子包括哈里伯顿、惠普电脑和辉瑞制药。

这样的公司不端行为有时会导致另一类腐败，此类腐败在发达国家比在转型国家或发展中国家更为常见；也就是说，在转型国家或发展中国家，政府高级官员明知本国公司在向海外行贿，却对违法视而不见甚至试图遮掩。一个典型的例子是英国向沙特阿拉伯出售武器的重大政治丑闻。此次丑闻与亚玛玛军火交易有关，在该宗交易中英国军火制造商航太公司（BAE）及其前身被控向沙特人大量行贿以获取订单。此案历时长久，盘根错节。一句话，这是英国有史以来数额最大的商业交易；首相 84
托尼·布莱尔以国家安全为由于2006年阻止了对相关指控的调查，由此被指掩盖真相；2010年，航太公司在辩诉交易中同意向美国当局支付4亿美元罚款，此举意味着它将不被认定为行贿（虽然该公司承认伪造了账目并且作了误导性的陈述）。航太公司交了这笔美国法律史上数额最大的罚款之一，也在大概同样的时间向英国的严重欺诈调查局交了数额略小但同样不菲的另一笔罚款。不过，未被认定实际行贿这一事实还是意味着，航太公司没有被世界银行和其他国际机构排除出局（拉入黑名单），未来仍然能够在军火交易中自由地投标。

国家的历史遗产往往是有助于解释腐败的重要政治因素，我们在第四章中考察过这一点。对遗产的反应也会影响腐败程度。许多后革命时代的国家试图在艰难的环境中废除各个领域，包括财产、选举和政党筹款、福利、税收等领域的大量法律而代之以新法，结果往往是立法滞后。通常，在旧法已被废止，而替代法律或者还没通过，或者作为新法漏洞颇多的情形下，腐败会大量发生。

在发生过冲突的国家往往能找到一种不同的遗产。在许多情况下，这样的国家在冲突期间遭受着国际制裁，甚至被完全禁运；此时，为了获得供应，一些国家的政府会既鼓励腐败，又鼓励政府官员和有组织犯罪相勾结。在冲突结束后，建立在这种情况下的行为模式往往持续存在。一个典型的例子是塞尔维亚。该国在1991年受到贸易制裁，直到1996年制裁才撤销。1996年，塞尔维亚总检察长承认，如果不是走私，该国将无法正常运
85 转；走私主要是由犯罪团伙进行的，但当局也有共谋行为。

某些国家功能失调或效能低下，于是被归为“失败的国家”。被冠以如此称谓是不幸的，按某种解释，它意味着这样的制度无可挽救。因此，有人提出“落入困境的”“陷入混乱的”“脆弱的”之类的形容词作为替代。这些词的确更为可取，它们意指制度有严重问题，却并不暗示已经无望。不过必须承认的是，一国政府的履职水平与印象腐败程度之间存在密切的相关性。表9通过比较各国的腐败印象指数排名和失败国家指数（FSI，令人欣慰的是，于2014年更名为“脆弱国家指数”）排

名，清晰地表明了这一点。

最后一项政治变量是政府中的性别平衡。在2001年的一篇虽然不长但影响广泛的文章中，戴维·多拉尔、雷蒙德·菲斯曼和罗伯塔·加蒂认为，女性从政人员比例高的政治制度一般比女性比例低的腐败更少。这一观点受到宋鸿恩[①]的质疑，他坚持认为，决定腐败程度的不是女性的占比，而是民主的健全

表9　印象腐败程度与国家脆弱程度相比较

国　家	2012年腐败印象指数排名	2012年失败国家指数排名*	国　家	2012年腐败印象指数排名	2012年失败国家指数排名*
丹　麦	1=	3	布隆迪	165=	160
芬　兰	1=	1	乍　得	165=	174
新西兰	1=	7	海　地	165=	171
瑞　典	4	2	委内瑞拉	165=	95
新加坡	5	21	伊拉克	169	169
瑞　士	6	4	土库曼斯坦	170=	96
澳大利亚	7=	13	乌兹别克斯坦	170=	138
挪　威	7=	5	缅　甸	172	157
加拿大	9=	9	苏　丹	173	175
荷　兰	9=	11	阿富汗	174=	172
冰　岛	11	12	朝　鲜	174=	156
卢森堡	12	6	索马里	174=	177

*　腐败印象指数和失败国家指数评分体系方向相反：在腐败印象指数中数字越低越好，失败国家指数则相反；为方便与腐败印象指数对比，表中对失败国家指数的评分按相反顺序排列，即该指数排名越高，国家看起来就越脆弱。

---

①　纽约城市大学约翰·杰伊刑事司法学院刑事司法学教授。

程度。

如2012年腐败印象指数所反映的，本章揭示的大多数相互关联性都与**印象**腐败程度相关。但是，腐败原因权威分析人士丹尼尔·特雷斯曼认为，虽然这类关联性（以及其他一些，比如对燃料出口的依赖）颇为有趣，并且能够解释近90%跨越国界的变化形式，它们还是有问题的，因为“对实际腐败经验进行衡量，向不同国家的商界人士和国民发放问卷、询问其近来是否被期待行贿时，一旦把上述国家的收入纳入考量，就会与这些因素中的任何一个都不相关”。特雷斯曼因此建议采用更依赖于经验的调查方式。但他也提醒读者，这类调查方式一般只能反映
86 底层腐败，精英层面的腐败通常后果更为严重，也更有可能通过印象调查来反映。

此外，相互关联并不能证明因果关系，在某个点上，还要重视直觉和个人观察。用以判定腐败主要原因的技术目前还相当复杂，处于不断完善中，我们必须一直警惕潜在的双重危险，即
87 从太少的案例中进行不恰当的概括（归纳推理），以及以宽泛的概括为基础来解释个案（演绎推理）。对于腐败的研究和解释，显然还有很长的路要走。

总而言之，本章引用的分析与系统性或结构性解释相关，就其名称来说恰如其分。要提醒读者的是，考察腐败需要以结构化理论为基础，有一个整体的看法，制度和人两者都无法自成一
88 体或决定一切：它们是相互作用的。

第六章

国家能做些什么?

腐败被社会科学家称为“邪恶”的问题,意思是说它极为复杂,永远只能得到部分解决;它可以遏制,但无法根除。国家在对这个邪恶问题的应对方面发挥着关键作用,可以采取“大棒”(抑制)、“胡萝卜”(激励)、“行政和技术”以及“其他”方法。

大棒措施

国家可以用来减少腐败的最明显的“大棒”是法律制度。博茨瓦纳是非洲最廉洁的国家,对此该国当局有时给出的解释是,它们的起诉率远高于国际平均水平。起诉对象既可能是受贿者也可能是行贿者。

但是,起诉不是唯一的考虑因素;定罪率和刑罚的严厉程度也很重要。如果对被判定腐败的人处罚宽松,司法系统将无法起到有效的威慑作用。一些国家的确对腐败判处重刑。2011年初,美国宾夕法尼亚州的一名法官被判处28年监禁,原因在于为

了从两名创立并运营私立少年拘留中心的商人那里得到大笔贿
89 赂，该法官以错误的量刑把数千名儿童关进少年监狱；在美国，这是广为人知的“孩子换金钱”丑闻。

遗憾的是，严厉的处罚在全球范围内并不多见；那些腐败罪名成立的人被判处的刑罚通常都很温和。2014年3月，美国一名边境检查员被发现与毒品和人口贩子勾结达近十年之久，却只被圣迭戈一家法院判处七年半的监禁。与其他多数案例相比，这已经算比较严厉的了。如果我们采纳腐败的宽泛定义，把私人企业的不端行为也纳入考虑，还可以看到2005年在德国，大众汽车两名高管深度卷入“性、贿赂和腐败丑闻”；2008年，此案被判罪名成立，当事人获得短期徒刑（两年零九个月）和短暂缓刑期（12个月），被指量刑过轻。

有时，腐败罪名成立的人之所以得到宽大处罚，是因为配合当局来查处其他卷入不当行为的人。举一个例子：2014年1月，得克萨斯州一名政治顾问因腐败罪只被判处十个月监禁（外加罚款和狱后察看）；情况很明显，他之所以被从轻发落，是因为“透露了秘密”，供出建筑公司与地方官员以及一名前法官之间的腐败，使多人被定罪。

被证明行事腐败的人往往还能全然躲过刑事诉讼，只面临行政诉讼。撤职这样的处罚可能会令人尴尬，但与监禁相比，却不会有严重的长期负面影响，因此便少了威慑作用。

另一方面，有十个国家把死刑作为惩治腐败的可能刑罚，
90 不过其中只有中国会经常动用。近年来，中国的多名国家工作人员被判处死刑或面临死刑威胁。对于高级官员来说，死刑一般会缓期执行，他们最终会受到长期监禁，但还是有已经被处决

的，比如杭州、沈阳和苏州三市的原副市长[①]。2013年前，死刑在越南很少使用；由于越南公众对腐败的关注，2013和2014年，该国至少有三名银行系统官员因侵吞国有银行资金被判处死刑。

严刑峻法并非用法律制度来打击腐败所面临的唯一问题，对法律的滥用也是一个问题。在许多国家，司法系统高度政治化，法治孱弱。在此情形下，被告若不能自证清白一般就被认为有罪，那些在中立观察者看来并不腐败的人，可能会出于纯粹的政治原因而被诬陷和定罪（例如身为向威权式执政党发出挑战，或者批评了国家领导人的政党党员）。

就国家来说，在政治光谱的另一端可能会出现另一个问题。瑞典非常重视对公民自由的捍卫，禁止执法机构发起诱捕行动（针对犯罪嫌疑人）或设置圈套（针对非犯罪嫌疑人）。虽然强有力的法治观点支持着瑞典在诱捕问题上的立场，反对诱捕行动的主张还是相当无力，它意味着一个潜在的强大反腐工具没有派上用场。而且，瑞典在这方面前后不一：它允许拦截妓女的潜在客户的移动电话（在瑞典卖淫是合法的，嫖娼却是非法的）。

如果官员生活奢侈，与他们申报的收入看起来不相称，国家应该展开调查。在许多国家，官员现在必须申报收入和资产，这 91
是减少腐败的一种方式。但是，许多腐败官员都以少报数额了事。这就是为什么深入审核他们的收入和支出，包括查询银行账户，原则上是国家适于采取的措施。

遗憾的是，这种方法效用有限。明显的一点是，一些腐败官

① 分别指杭州市原副市长许迈永、苏州市原副市长姜人杰、沈阳市原副市长马向东。

员，尤其是精英层面的，会将不义之财存入隐蔽的海外账户，使政府当局无法查询。另一个问题是，一些民权活动人士认为，这样的调查是在侵犯隐私，在以法治为基础的民主国家令人无法接受。考虑到腐败的潜在危害，这种说法是无力的；腐败的受害者也有权利，如果可以证明收入乃合法取得，那些受到调查的人应该无所畏惧。当然，危险在于，一些国家会蛮横行事；但是这更可能发生在威权国家中，在那里个人反正几无权利可言，公民权利的说法在此情形下基本上是无稽之谈。

法院的存在是为了主持公道，立法机构的责任则在于通过法律。但是情况往往是，与腐败相关的法律或者没有，或者存在严重不足。有时，法律含糊不清或充满缺陷，辩护律师很容易为受到腐败指控的当事人做出有利陈述，说法律没有明确禁止或并不明确适用于特定类型的不端行为。因此，各国有责任加强反腐立法。法律之所以无力或含糊，有时与制度未能与时俱进有关，毕竟法律的修订和完善都需要时间；另一个因素是，议员往往有自己的既得利益，无意通过强硬、明确的立法；一旦通过，
92 他们自己那见不得人的勾当就会暴露出来，受到惩罚。

许多国家和地区现在有专门的反腐机构（ACAs）。新加坡在反腐方面较为成功，当局常常将之部分归因于该国建立了世界上第一个独立的反腐机构——贪污调查局（CPIB）。该调查局成立于1952年，一直表现出色，使新加坡的腐败程度保持在较低水平。另一个卓有成效的反腐机构是香港特区廉政公署（ICAC，1974年成立），而成立于1994年的博茨瓦纳腐败和经济犯罪问题管理局（DCEC）同样成绩骄人。除了这三个通常被视为典范的反腐机构，其他的类似机构则远为逊色。

反腐机构表现不佳有很多原因，比如资金不足和责任不清。后者往往是因为继任的政府在设立新机构后没有解散老的机构，造成分工不明，部门之间互相扯皮。研究亚洲腐败的权威专家乔·S. T.奎令人信服地提出，贪污调查局能在新加坡获得成功、廉政公署能在中国香港地区获得成功，一个重要原因是两者都独自承担着打击腐败的责任（这一点也适用于博茨瓦纳）；在多数其他国家和地区，反腐机构则不止一个。第四个问题是，这些机构一般不够独立于调查对象。世界上许多调查警方腐败的反腐机构，都被要求利用警察进行调查。与这种做法相反，贪污调查局和廉政公署都有自己的调查力量，分别向新加坡总理办公室和中国香港特区行政长官直接负责。

在一些国家，对腐败分子施加“大棒”的一种常见方式是进行公开羞辱。例如，南非司法部长在2013年2月宣布，一旦选定媒体，政府将公布被判犯有腐败罪的人的姓名；6月，被判严重欺诈和腐败罪成立的42人，名字便被公布在南非的政府网站上。 93

与点名羞辱腐败者的做法密切相关的一项政策，是把被发现卷入公职人员腐败的私人公司公开列入黑名单（取消资格）。新加坡在此领域也一直走在前列。1996年1月，新加坡当局取消了五大公司，包括西门子（德国）、英国绝缘电缆（英国）和倍耐力（意大利），在五年内向新加坡承包合同投标的资格，因为这些公司被发现向新加坡官员行贿。西门子也被其他多个国家，包括意大利、斯洛伐克和巴西取消过资格，还在另一些国家（如阿根廷）被控腐败。

可用来惩罚行贿公司的另一种方法是提起诉讼。菲律宾政府就是这么做的：西屋电气公司在1980年代建造了巴丹核电厂，之后从未运行过，直至1999年决定封存；该项目没有得到授权，因为相当靠近一个主要的地震断层线和一座1991年爆发过的火山。遗憾的是，菲律宾当局无法说服美国根据其《反海外腐败法》审判西屋公司，原因一直未明。不过，提起诉讼的可能性仍然存在。

最后的“大棒”法就是，对于正在盘算着涉身腐败的人，当局威胁在将来加以惩罚；一个有力的方法是威胁取消退休金。

胡萝卜措施

公元1世纪，罗马历史学家塔西佗写道：“国家越腐败，法律
94 越烦冗。”这个说法虽有些笼统，却不乏道理，我们有必要考察除了引入越来越多的规则，国家还可以通过哪些方式来反腐。

政府可以利用一系列激励措施来努力减少腐败。措施之一是改善官员的工作条件，特别是提高工资；新加坡、格鲁吉亚以及执行程度稍逊的俄罗斯针对执法官员的反腐政策之所以取得成功，在评论者看来与大幅加薪是有关系的。不过与多数反腐措施一样，这种方法也有问题。许多显然极为腐败的国家也都是赤贫国家，没有财力将官员工资提得很高，以至于在某些评论者看来能够减少腐败。其次，仅仅提高工资而不同时加强“大棒”措施，往往意味着在现实中腐败官员拿着更高的薪水，同时继续收受贿赂；他们左右逢源，国家却两头落空：向官员付酬更多，财政收入却并未增加。

没有财力为官员群体全面加薪的国家也可以另辟蹊径，这条路径仍是基于物质激励，但成本更低。那就是向反腐过程中发挥积极作用的官员提供经济奖励。遗憾的是，此种做法可能

会适得其反。例如，匈牙利当局多年前决定奖励某些海关官员，这些官员把行贿以求走私物品通关的旅客揭发了出来。一名海关官员成功获得大量奖励，收入比总理还高。这就引起了怀疑，后经调查得知，该官员为了获取尽可能多的收入一直在进行虚假指控。该激励方法的一个变化形式是，奖励那些洁身自好或者检举腐败同僚的官员。 95

到目前为止，激励的重点一直是官员。其实国家也可以鼓励公民举报腐败行为。一个常见的方法是设立匿名热线电话。另一种可能性是创立机制，保护证人和举报人（举报他人的已知腐败行为或涉嫌腐败行为的人）。遗憾的是，不仅保护机制成本较高，那些发起举报或在法庭上指证嫌疑人的人，其下场可能比作恶的人更为悲惨。从组织内部进行举报的人经常发现自己遭到同僚的冷遇，许多人由于同僚的苛待，最终要么被解雇，要么主动辞职。

虽有保护机制，证人也可能面临同样恶劣的遭遇，甚至更为糟糕。这些机制大多关联着黑帮暴力犯罪的证人，但不应忘记的是，警察腐败也可能涉及威胁使用和实际发生的暴力。为了保护证人安全，他们一般被赋予新的身份，转移到新的地点。不幸的是，这样可能会对其生活造成灾难性的影响，因为他们往往远离家人和朋友，进入陌生的环境，不得不活在谎言中（即不能透露自己的真实身份）。总之，这种形式的激励可能会给执法部门提供帮助，但对那些协助当局的人却可能产生严重后果。

行政和技术措施

反腐的一个日益常用的行政方法是轮换制，即官员定期从

一个职位调任另一职位。其依据是，腐败网络需要时间来编织，人事的频繁变动可能会抑制这一点。德国进行的一项实验表
96 明，结果可能正是如此，但来自印度的证据却不太乐观，它表明在位者有时会互通信息，交流谁可能腐化谁又不会。此外，职位之间的频繁调动可能意味着集体记忆和执政经验中有价值的东西无法保存。轮换制对行贿者来说也有消极的一面，他们可能会发现不得不为一项好处破费两次：一次给原来的腐败官员，另一次给其继任者。

从严审计也能起到打击腐败的作用。在2003至2004年间，经济学家本杰明·奥肯在印度尼西亚的600多个村庄进行了一项试验，发起一项筑路工程。在实验开始时，此类工程只有4%会接受印尼当局审计。但是，奥肯在每一个村庄都宣称，**所有**工程现在都将被审计。通过复杂的方法，他计算得出，在如此宣称之后，“无法查实的支出”平均下降了超过8%，他视之为“腐败税”。奥肯的结论是，自上而下的审计是一种有效的反腐方法；并进一步认为，这种方法比基层监督系统更加有效。

一种具有技术色彩的反腐方法是设置规范。假设马里政府要在首都巴马科新建一座机场，于是发起招标。由于政府过去参与过其他重大基础设施工程，熟知马里的材料和人工成本，可以计算一公里跑道的大致成本，从而给出规范，即最高和最低数额的费用，具体看投标公司提供哪些内容（例如是成本较高的快速完工，还是成本更低的慢速施工）。于是，对于远高于或远低于此规范的报价，政府就应该有所怀疑。在前一种情况下，投标者可能把腐败的“间接成本”计算在内了（从而抬高了价格）；在后一种情况下，他们可能试图贿赂采购官员，让其接受偏低的

报价；投标者的盘算是，一旦获得承包合同，随后就能声称成本发生了井喷。 97

规范设置存在的一个问题是，并不清楚是否应该把规范透露给潜在的投标人。如果规范保密，外国企业相对于本土公司可能会处于劣势，因为除非此前在该地区接过项目，它们可能很难准确地评估成本。另一方面，透露规范又会使本土公司相对于国外企业处于劣势，因为大型海外公司如果拥有发展中国家或转型国家的本土企业所没有的昂贵设备，就可以发挥规模经济的优势，投入更少的人工。

在所涉及的数额方面，潜在腐败极为严重的一个领域是采购。国防方面的承包合同可能价值数百万甚至数十亿美元，而且已经出现了多起军用飞机制造商大肆贿赂官员以取得订单的例子。应对的方法之一是引入开放的网上招标，使整个采购过程更加透明。遗憾的是，许多国家的政府，更不要说国防装备的私人制造商，偏偏愿意让国防开支难以捉摸，还声称是为了国家安全。

网上招标只是技术性更强的众多反腐方法之一。另一种方法是在重要地点使用闭路电视，比如已知或怀疑海关官员高度腐败，就可以在边境口岸使用。广泛应用自动化高速摄像机，则可以减少交警接受驾车人贿赂或向驾车人索贿的机会。

由于腐败在多数国家的多数机构中都会发生，而且多数反腐措施都有成本（政府通常都想减少），国家最好把目标对准被视为最具破坏性的腐败，而不是所有的腐败；如何评估哪种腐败破坏性最大，则因国家而异。比如，在多数发达国家，腐败在 98
交警队伍中并不是严重问题，但交警往往又是重案组成员，重案组里的警察会与罪犯正面接触，罪犯则有可能向他们提供大额贿赂。因此，各国需要针对特定的方法，制定适合于自己的风险（或弱点）评估机制。

其他措施

许多观察人士认为，在长期的反腐斗争中最有用的方法是提高社会信任度，并通过伦理教育来改变公众态度和道德观念。这种方法有一个问题，即需要很长时间，有时甚至需要几代人才能见效。此外，它在实施过程中会遭遇许多因素的抵制，有可能一直影响甚微。

然而，有限的经验证据表明，专门的研讨会（参与者为官员、管理人员、中小学生等）和某些类型的宣传可能会影响人们对腐败的看法，即使在很短的时间内。着眼于后者，主要有两种类型的宣传，其中之一通常比另一种更为成功。更有效的那一种是由政府提高公众的意识，让他们认识到什么是腐败、腐败是不能接受的、国民在反腐事业中能发挥什么样的作用。相反，在另一种宣传中，政府宣布将着手打击腐败官员，该做法通常要么效果有限，要么适得其反。很多时候，第二种宣传会导致“狼来了”综合征：国民对“新”运动司空见惯，这些运动和之前的许多次一样，本应该针对高层腐败，最后却大多不了了之；他们不会相信政客们的说法，即这一次的运动不同以往。于是，公共领域的犬儒主义和缺少信任就会成为普遍现象。

99 有时，某个国家的腐败问题极为严重，必须采取治本的方法。米哈伊尔·萨卡什维利在担任格鲁吉亚总统时采取的方法是，辞退国家特定部门的所有官员、撤销这个部门，然后用新的部门、新的人员和新的形象来取代。萨卡什维利自2004年起对交警部门就是这么做的，结果极为成功。

在一些国家部门中，工作人员传统上以男性为主；警察队伍是一个明显的例子。在这样的部门解决腐败问题的一个创新方法，是改变性别平衡。1990年代，由于严重腐败，秘鲁的交警受到本国政府和世界银行指责。世界银行建议试着改变一下性别平衡，因为女性被认为比男性更不易腐化。1998年起，秘鲁交警中女性的比例日益增加。十年后，秘鲁警方发言人称这一政策已经取得了重大成功，交警的腐败程度大幅下降。秘鲁人先行一步之后，类似政策在墨西哥城被采纳，目标同样在于减少交警腐败；再一次，初步结果令人鼓舞。

然而，萨布丽娜·卡里姆最近对秘鲁状况的研究表明，警察队伍的女性化虽降低了腐败，结果却并不像官方声称的那么令人惊叹和立竿见影。女性在国家特定部门中所占的比例与腐败程度的相关性，并不像有时声称的那么紧密。这方面的经验证据仍然稀疏，但已经有人提出，在队伍女性化时，腐败降低的原因与其说是性别变化，不如说是人员更新。腐败网络需要时间来织成，因为具有腐败倾向的官员之间的信任需要确立和培养。此处暗示的是，女性若长期紧密合作，也可能变得高度腐败。

这方面有一个有趣的插曲。从有限的证据来看，女性一般更倾向于彼此信任而不是信任男性，反之亦然。部分基于该假 100
设，波兰警察部门近年来在可行的情况下，会安排一男一女两人一组进行巡逻。

与性别有关的最后一点是，玛丽莲·科尔西亚诺斯对美国警察腐败的研究表明，女性警察比男性警察结成腐败网络的可能性要小得多；如果这一点也适用于其他地方，它就有助于解释，为什么女性警察比例较高的地方腐败程度显然较低。

拉丁美洲国家的领导人决心减少腐败时，除了以激进的方式恢复性别平衡，还尝试了其他创新方法。1990年代中期，哥伦比亚首都波哥大时任市长安塔纳斯·莫库斯就采用了另一种方法。和许多拉丁美洲城市一样，波哥大的交警部门腐败问题严重。莫库斯解决问题的方法很有创意，他不仅和萨卡什维利十年后在格鲁吉亚所做的一样，解散了交警队伍，而且引入哑剧演员作为解决城市交通问题的一种方式。违反交通规则的人不再被罚款，或者在行贿之后被免于罚款，相反，他们会受到一大群哑剧艺人的嘲笑。这不仅改善了波哥大的交通状况，同时也减少了腐败。

第四种激进方法基于一则格言："无法打败，那就入伙。"1990年代，罗马尼亚军队中存在腐败，征兵的军官经常签署"不适兵役"声明来换取贿赂。政府没有试图通过加紧控制来解决这个问题，而是另辟蹊径，使那些不想服兵役的人可以合法地自己出钱来赎买役期。这意味着，大部分——总有一些人还是会冒险行贿而不支付（更高的）官方收费——之前流入军
101 官腰包的钱现在进入国库成为公帑。

最后一个激进的做法是特赦被控腐败或涉嫌腐败的人。政府可以宣布，过去发生的事既往不咎，但会从下一年开始重拳打击。该方法只应该在极端情况下考虑，此时腐败已经极为普遍，期待新政府比它取代的旧政府更为廉洁是不现实的。这种方法有明显的缺陷：公众中会有很多人在一开始被激怒，因为贪官被宽恕了，这反过来又会削弱国家的合法性。不过，如果正面结果

很快变得明显，很多国民就能看出这种方法是两害相权取其轻。

到目前为止，我们一直关注的是各国政府可以采取的国内措施。各国还可以与外部机构，包括其他国家，彼此合作、互相学习。我们最后要提到的一系列“其他”方法与国家可以而且应该在国界之外所做的努力相关。

直到1990年代，美国是唯一一个对商业企业的海外不端行为进行立法的国家。1977年，随着洛克希德贿赂丑闻（美国一家主要的军用飞机制造商被曝多年来在多个国家行贿，以获得海外订单）的发生以及水门事件之后公众对不端行为的普遍不满，美国通过了《反海外腐败法》（FCPA），使得美国公司在海外主动或被动行贿来获得订单不再合法。在1990年代末以前该法案在现实中很少应用，但它开创了一个先例，并被美国用来敦促经济合作与发展组织通过一部反对贿赂行为的公约（第七章会考察这部公约）。近年来受到《反海外腐败法》影响的公司中，就有世界上雇员人数最多的沃尔玛，该公司于2012年4月被《纽约时报》公开指责在墨西哥行贿；2014年2月，沃尔玛宣布将在随后12个月中投入2亿美元来调查可能违反《反海外腐败法》 102
的行为。

近年来，很多西方国家都通过了与《反海外腐败法》类似的立法；多数分析人士认为，英国于2010年4月新通过（2011年7月生效）的《反贿赂法案》树立了新的、更高的标杆。这一法案被部分人视为世界上最严厉的反贿赂法，调节范围相当广泛，涵盖了英国公司和与英国公司有关联的外国公司在英国国内和国外的贿赂行为。此外，美国的《反海外腐败法》并不禁止疏通费（或称“加急费”，为了在获得合同后加速处理手续上的繁文缛节），英国的《反贿赂法案》则将其列为非法。

各国可以通过允许引渡在减少腐败方面彼此互助。遗憾的是，许多国家不允许本国公民被引渡到其他国家，即使后者能提供犯罪证据。这正合腐败的官员和企业主管的心意。

另一种可能性是，各国制定法律禁止其银行接受可疑的境外存款，或者至少要求银行将可疑存款告知当局。“9·11事件”之后，21世纪初的前十年中，要求国家通过此类法律的压力陡增，因为很明显，恐怖分子往往能够通过银行避风港洗钱。尽管存在这些压力，部分国家仍然允许开展某些银行业务，这些业务在金融行动特别工作组（FATF，见第七章）看来有利于洗钱活动。截至2014年2月，位于这份国家名单前列的是伊朗和朝鲜，而在过去被视为银行避风港和税收避风港的国家，如开曼群岛和瑙鲁，现在已经脱离了特别工作组的黑名单。至少就银行业

103 来说，能让腐败官员洗钱的地方已经越来越少。

然而，在对银行部门的监控上，许多国家可以有更多作为；自2009年起开始发布的金融隐秘指数（FSI）就表明了这一点。这并不表示各国内部的腐败程度得到了评估，但确实提供了一个途径来观察国家在腐败问题上如何成为同谋。

从表10中能够明显看出的一点是，几乎所有最隐秘的司法管辖区人口都很少。从中无法看出的一点是，在2013年评估的82个管辖区中被评为银行操作最为透明的两个国家是丹麦和瑞典，得分分别为33和32；英国的得分是40。斯堪的纳维亚国家的得分不足为奇，值得注意的是，在我们所考察的其他评估项目中，银行系统相对透明的另两个国家是西班牙和意大利（得分分别为36和39）。

有人会说表10具有误导性，因为它根据财政透明度来给司法管辖区排名。发布金融隐秘指数的税收正义联盟却宁愿主要根据金融隐秘程度的**值**来给各国和各地区排名；这不是在金钱方面简单地计算，而是基于一套复杂的数学公式，我们不必深究。但是使用这种方法时，排名最前的（最不透明的）10个国家和地区看起来非常不同（表11）；几个主要发达国家和地区显然需要解决税收避风港和银行避风港的问题。

表10　在金融监管、国际合作、反洗钱合规性方面最隐秘的司法管辖区（基于2013年金融隐秘指数，总分为100分）

排　名	司法管辖区	隐秘性得分
1	萨摩亚	88
2	瓦努阿图	87
3	塞舌尔	85
4=	圣卢西亚	84
4=	文莱达鲁萨兰国	84
6	利比里亚	83
7	马绍尔群岛	82
8	巴巴多斯	81
9=	安提瓜和巴布达	80
9=	巴哈马	80
9=	伯利兹	80
9=	百慕大	80
9=	马来西亚	80
9=	毛里求斯	80
9=	圣马力诺	80
9=	圣基茨和尼维斯	80

在第一章中，我们考察了区分礼物和贿赂的问题，并且提出，各种文化对这些问题的解释截然不同。在此领域，各国需要更好地了解彼此的观点和传统。令人欣慰的是，各国越来越倾向于从数量上来区分礼物和贿赂，虽然还不是从性质上。越来越多的政府现在承认，它们的官员如果拒绝其他国家和文化中
104 的官员提供的真正属于礼品的东西，就可能是一种冒犯，于是便出现了折中的态度。这种态度规定了礼物价值的上限，通常是100到150美元之间。当然，总有一种风险存在：有人今天赠送150美元，且连续多月每天赠送150美元，这样一来礼物就等同于贿赂；因此，法律允许赠送礼物这一说法需要补充措辞，禁止
105 规避礼品和贿赂之间的区别。

表11　2013年金融隐秘指数——透明度最低的十个司法管辖区

排　名	司法管辖区
1	瑞　士
2	卢森堡
3	中国香港地区
4	开曼群岛
5	新加坡
6	美　国
7	黎巴嫩
8	德　国
9	泽西岛
10	日　本

各国在反腐方面以间接方式彼此互助的最后一个途径，是树立良好的榜样。如果发达国家因腐败问题批评转型国家和发展中国家，则它们必须尽一切可能确保自家后院海晏河清；五十步笑百步无助于在全球范围内减少腐败。

打击腐败的一个关键因素是政治意愿。遗憾的是，太多情形下这种意愿似乎并不存在。不过，越来越多的国家现在显示了必要的政治意愿，例如表态将惩罚腐败官员，不论他们现在或曾经职务有多高。仅2012至2014年，喀麦隆、克罗地亚、埃及、以色列、斯洛文尼亚、罗马尼亚等国的前总理就因腐败而被判处监禁。

1990年，哈佛大学政治学家约瑟夫·奈发明“软实力”一
词，用来指通过更多的对话和更少的强制或武力（硬实力）来改 106
善国际关系的可行性。在21世纪初，他认为美国应该在与其他国家的关系中实行“智慧权力”政策，意思是将硬实力和软实力结合起来。在打击腐败方面，我们也需要“智慧反腐”，即大棒、胡萝卜和其他方法的结合。由于文化各异，政治和经济制度的类型以及现有资源的状况也不相同，各国适用的组合将有所不同；采用一刀切的方法不仅不会奏效，还可能使那些深感受到不公平胁迫的国家疏离于外，从而适得其反。本章对反腐方法的分析远未穷尽，这些方法却清楚表明，只要有足够的政治意愿和
能力，反腐工作大有可为。 107

第七章

还能做些什么?

国家只是许多能在遏制腐败方面发挥作用的行为者之一。在最后一章中,我们将考察国际组织、商业企业和民间社会可以做些什么,随后再评估反腐的总体努力。

国际组织

如上所述,只是在过去20年左右的时间里,国际社会才将注意力集中在腐败问题上。一个原因是,西方虽然自1990年代以来一直是推动反腐的主要力量,在冷战期间对推动国际反腐议程却没有什么兴趣。特别是美国,它并不希望由于批评盟国的腐败而让对方感到不安;美国也不想批评发展中国家,这样可能把它们推向苏联阵营。但一旦冷战结束,便不再需要遮遮掩掩了。1990年代初,美国开始大声地抱怨,其企业公司的海外业务正被其他发达国家的公司夺走,这些国家都没有任何与《反海外腐败法》类似的立法(见第六章)。简言之,美国人想要在国
108 际商业领域有更公平的竞争环境。

正是在此背景下，经济合作与发展组织的《国际商业交易中贿赂的应对建议》于1994年发布了，在许多人看来这是国际组织做出的首次重要尝试。但如其名称所示，这只是一套建议；毕竟，美国人也没有频繁祭出《反海外腐败法》。

到1990年代末，部分由于透明国际的影响日益扩大，以及世界银行在1995年任命詹姆斯·沃尔芬森担任行长后开始认真应对腐败，国际社会越来越意识到腐败是一个严重问题。经合组织提出的建议受到更多重视，以反腐公约的形式于1997年通过，并于1999年生效。该公约确立了“具有法律约束力的标准”：批准公约的国家必须通过或修改国内立法来与该公约保持一致。

经合组织公约的一个具体效果是，包括澳大利亚、德国和荷兰在内的多个发达国家，不得不停止为国内公司向海外支付的商业贿赂减免税收。所有34个经合组织成员国加上另外7个国家（阿根廷、巴西、保加利亚、哥伦比亚、拉脱维亚、俄罗斯和南非）现在都加入了该公约，自1999年以来公约已经多次加强，特别是在2009年和2011年。经合组织自称公约是“第一个也是唯一一个着力于贿赂交易‘供给侧’的国际反腐工具”——意思是说它关注的是商界在提供或支付贿赂方面的不当行为，而不是受贿或索贿的官员。

金融行动特别工作组（FATF）与经合组织密切相关。该工作组是在包括几个经济大国在内的七国集团的倡议下于1989年设立的，以打击洗钱为宗旨。最初，它的打击重点是有组织犯罪。主要在“9·11事件”的推动下，其关注领域很快扩大到恐怖主义，随后又涵盖腐败领域。从2010年开始，该工作组与20国集团反腐工作组就如何最有效地打击与腐败相关的洗钱活动 109

密切合作，自此以后，其反腐力度得到加强。2011年以来，金融行动特别工作组已经发布了多份这方面的报告。

经合组织公约仅适用于世界上约五分之一的国家和地区，但这些国家和地区分布在全球各地。此外，自1990年代中期以来，已经通过了若干区域性反腐公约。第一个是1996年美洲国家组织35个成员国通过的《美洲反腐败公约》。时间更近的2003年，非洲联盟53个成员国通过了它们的《防止和打击腐败公约》（2006年生效）。

一般认为欧盟从1995年开始重视腐败问题，1997年制定了一项针对欧盟官员及其成员国官员的反腐公约。其后是2003年的《全面反腐败政策》。此外，欧盟还施加了有针对性的“条件限制”。例如，在1997年公布扩充成员国的路线图（“2000年议程”）时，针对每个申请成为成员国的后共产主义国家，欧盟对其必须满足的条件进行了个别分析。十项个别分析中每一项的“政治标准”部分规定的唯一问题，都是需要加强对腐败的打击。

另一个欧洲机构，即规模更大的欧洲委员会（成员国有47个，包括白俄罗斯和梵蒂冈之外的所有欧洲国家），在1990年代末和21世纪初通过了一些以反腐为目标的公约和其他文件。第
110 一份是1997年的《关于反腐败的二十项指导原则》，1999年又颁布了针对腐败的刑法和民法两项公约；前者在2003年得到加强（2005年生效）。欧洲委员会还就公职人员行为守则（2000）和政治筹款（2003）提出了建议。

欧洲委员会对成员国约束力有限，但该委员会为监督各国对其反腐文件的执行情况而于1999年设立的机构——反腐败国

家联合会（GRECO）——却小有成就。2012年，该联合会开始分析腐败的性别维度，包括腐败对男性和女性的不同影响，受到反腐人员越来越多的重视。

最后，欧洲委员会（有时与欧盟一起）已经针对特定国家和地区实施了若干反腐计划。这些项目包括1990年代后期的“章鱼”计划、俄罗斯的RUCOLA（2006—2007）和PRECOP（2013—2015）计划，以及摩洛哥和突尼斯的SNAC—南方计划（2012—2014）；其中一些计划表明，欧洲委员会的活动范围有时会越出欧洲以外。

在所有反腐公约中，得到最多国家认可的是《联合国反腐败公约》（UNCAC）。该公约于2003年底开放供签署，2005年12月生效，是一份相对较新的文件；到2014年4月，《联合国反腐败公约》已有140个签署国和171个缔约国。公约被联合国自称为世界上第一份具有法律约束力的反腐文件（如之前提到的，经合组织公约只有41个签署国），并被一些人视为反腐文件的“黄金标准”，尽管其中并未对腐败给出实际定义。

国际执法机构也在打击腐败方面发挥着作用。作为其中主要的一个，国际刑警组织有自己的专家组——国际刑警组织腐败问题专家组（IGEC），在刑警组织于1998年举行第一次反腐 111
会议后不久成立。该专家组已经制定了一套“全球标准”，特别针对减少警察队伍的腐败。国际刑警组织将其主要的反腐角色之一定位为资产追回，即将被盗资产返还给受害国。近年来，它一直紧盯体育领域的腐败，比如打假球现象。

到目前为止，我们关注的重点主要是预防性和惩罚性的方法。其实，国际组织也可以发挥激励作用。例如，对荷兰采取的打击国会议员和法官腐败的做法，欧洲委员会就于2013年表示了称许。

多数国际组织近年来都提出了减少腐败的政策和措施，世界贸易组织则被批评在这方面做得太少。世贸组织成立于1995年，于1996年开始考虑在公共采购领域减少腐败的方法；但外界评论人士过去一直声称，世贸组织没有取得什么进展。尤其是，透明国际负责人彼得·艾根于2003年发表了一篇文章，公开批评世贸组织在打击采购腐败方面止步不前。世贸组织于2014年生效的《政府采购协定（修订版）》提及了腐败，但只是浮光掠影，基本上是象征性的。

国际商会也鼓励世贸组织采取更强硬的立场，敦促其将腐败列为被禁止的非关税壁垒之一，不过世贸组织并未这么做。学者帕蒂德·阿莱认为，世贸组织强调国际贸易要更为透明，这

有助于反腐斗争；菲利普·M.尼科尔斯则正确地指出，世贸组织原则上比多数国际组织在打击国际贸易中的腐败方面处于更
112 有利地位。话虽如此，如果潜力没有发挥出来，这一点就没有什么意义。世贸组织所采取的“由成员驱动”来协商一致的做法，使它在腐败等许多重要问题上不过是只纸老虎。

银行与跨国公司

马克斯·韦伯在20世纪初认为，对国家官僚机构的最好制衡，包括遏制腐败，是存在一个独立于国家的强大的商业阶层。遗憾的是，许多国家都政商交织，难分难解，这对遏制腐败来说可不是好兆头。但是原则上，银行和企业都可以在打击腐败方面发挥重要作用。

许多人认为，国际货币基金组织和世界银行这两家国际金

融机构履行着基本类似的职能，事实并非如此。在反腐领域，世界银行比国际货币基金组织活跃得多。后者由于强调善治而鼓励透明，但其在腐败方面的实际重点主要是打击洗钱。自1990年代中期以来，世界银行则一直致力于通过若干途径减少腐败。本书第三章考察了其确定和衡量腐败的创新方法；自1999年以来，世界银行也一直禁止（即列入黑名单）在国际贸易中做出各种不端行为（包括规避制裁和行事腐败）的公司和个人。自2011年以来，世界银行通过与亚洲开发银行、欧洲复兴开发银行和美洲开发银行将黑名单联网，加强了这种禁止措施的威慑力。

世界银行和货币基金组织采取的最有争议的做法之一，是取消或暂停向腐败国家发放贷款。1997年，两家机构就曾因此而暂停向肯尼亚发放贷款。更近的一个例子是，由于一家加拿 113
大工程公司涉嫌腐蚀孟加拉国官员，世界银行于2012年取消了向孟加拉国提供的12亿美元贷款，这笔贷款原本会用于该国一条最长桥梁的建设。

与其他国际组织一样，世界银行在批评之外有时也会发出赞许。例如，2002年它就曾祝贺罗马尼亚为减少司法部门的腐败所取得的成效（尽管欧盟后来批评罗马尼亚在打击法官腐败方面还是做得太少）。

批评之下，许多私人银行已采取措施打击洗钱，这可能会对高层次腐败影响尤甚。2000年，11家主要银行联手创立了沃尔夫斯堡集团，制定了一套反洗钱原则。该集团此后还继续制定原则和指导方针，其中许多都涉及银行业的各个方面（例如代理银行业务和受益所有权），这些方面是打击洗钱活动的重要内容；只是，就本书的导论性质来说，其专业性太强了。

已经有人注意到，许多人现在把企业公司也纳入可能腐败（以区别于实际的腐败主体）的范畴。无论是采用这种宽泛的腐败定义，还是采用以国家官员为重点的狭义界定，毫无疑问，私人企业是全球腐败的一个主要角色。西方媒体自新千年开始以来已经大显身手，详细报道了澳大利亚小麦局（总部设在澳大利亚）、SNC兰万灵集团（总部设在加拿大）和其他许多公司的不端行为，但私人企业能够采取和确实采取的反腐行动却难入其法眼。事实上，存在着很多可能性。

近年来，由于一些国家的腐败状况，少数公司或者威胁撤出，或者实际上已经从这些国家撤出。俄罗斯的宜家家居就是
114 前一种情况，而由于保加利亚国内的腐败，联合利华于1997年退出了该国（退出约三年时间）。

近年来，许多私人公司至少象征性地（在某些情况下也是出于真正的关切）通过了“道德守则”，以此表明它们致力于使员工进一步认识到商业关系中诚信的重要。这些守则通常强调贿赂是完全不可接受的。作为一家被曝在过往完全无视道德的跨国公司，西门子的高级管理层自2008年起引入了一项大型合规计划，现在西门子被视为公司洗心革面的典范。

最早自1990年代初以来，越来越多的公司不仅在财务业绩这一传统的“底线”上，而且在社会和环保成就方面提交了年度报告。例如，它们可能赞助了奥运会运动员并减少了运动员们的二氧化碳排放量。这种三重底线——也称为3P方法，即“人、地球和利润”（people, planet, and profit）——通常被称为“可持续性报告”。近年来，一直有人在推动增设第四条底

线，即治理，其中包括报告公司为减少贿赂和腐败行为作了哪些努力。这种“四重底线”的倡导者认为，报告第四条底线对公司来说是有好处的，会提高公司声誉。这方面的证据有些杂乱，但一些人断言，声誉不佳的公司将失去市场份额。无论该说法正确与否，许多公司在做出重要决定时的确会考虑“声誉风险”。

公民社会：国内和国际

公民社会的概念可以追溯到亚里士多德，但直到18世纪才
成为社会科学研究中的重要概念。从此以后这个词面目模糊， 115
对其确切意思至今仍然存在分歧。由于已经考虑了商业企业的作用，为适应本书主题，我们所分析的公民社会的其他主要组成部分将包括大众媒体、非政府组织和社交媒体。

在运行良好的民主制度中，纸媒和网络媒体都可以在打击腐败方面发挥重要作用。它们可以调查指控并公布结果，直接和间接地向当局施压，让当局深入追究。遗憾的是，许多国家的大众传媒不享有本该拥有的自主权。在描述媒体可以承担的多种角色和具有的多重性质时，罗德尼·蒂芬以犬类譬喻，将它们分为五个可能的类别：看门狗（媒体的理想角色）、戴口罩的看门狗（媒体受到严格限制，约束不仅来自审查制度，还来自诽谤法，这些法律严重偏向被媒体曝出不端行为的人的利益）、宠物狗（媒体甘受政治精英操纵）、狂吠的猎狗（媒体发出很多噪声，经常互相抄袭，但既没有妥当调查案件，也没有发挥建设性作用）和狼（最危险的类型，媒体对指控的调查漫不经心，公布时罔顾责任，从而增强公众愤世嫉俗的情绪并削弱

体制的合法性）。

从蒂芬的分类中可以清楚地看出，媒体在打击腐败方面发挥的作用可能有限，甚至是消极的。后者的一个例子，同时也是“戴口罩的看门狗”的一个例子是，俄罗斯在2013年通过了一项法律，禁止媒体公布高级官员家庭成员私人资产的详情。有人指控，莫斯科政治精英中有人以家庭成员（包括儿童）的名义不
116 正当地登记财产，以便隐藏自己的部分财富；无论真相如何，任何设法调查和公布结果的媒体都有可能面临诉讼。

NGO（非政府组织）一词早在1945年便第一次出现，但这个首字母缩略词自1970年代以来才开始普及，自1990年代起则变得越来越为人熟知。非政府组织有许多类型，我们将只考察致力于打击腐败的那一类，其中既有国内的也有国际的。

最著名的国际反腐败非政府组织是设在柏林的透明国际，它是全球组织，但在许多国家有地方分支机构（“国家分支机构”）。其幕后筹划者彼得·艾根，此前一直维持着世界银行在东非的运行，对腐败的地方精英们将本该用来帮助穷人的国际资助据为己有日益愤怒。于是，艾根于1993年创立透明国际，从那时起担任该组织的主席直到2005年。

除了前面章节中讨论的各种腐败指标，透明国际还提供了实用的“工具包”。透明国际深知在各种文化和机构中打击腐败的“一刀切”做法是不恰当的，于是明智地为想要反腐的人和组织确立和解读了各种方法（工具），供其根据自身的需要和情况取用。

透明国际提出的另一个倡议，是自1990年代以来在公共采购中推广“诚信契约”。用透明国际自己的话来说，诚信契约“本质上是发包的政府机构和竞标的公司之间的一份协议，

双方同意在合同范围内避免贿赂、串通和其他腐败行为”；这种契约纳入了一种监督体制，非政府组织（通常是当地的透明国际分支机构）将依此设法检验签署国在实践中遵守诚信契约的程度。 117

另一个国际非政府组织是U4反腐败资源中心，成立于2002年，总部设在挪威卑尔根。该组织与透明国际的工作重点略有不同：它主要帮助（主要是欧洲的）捐助组织减少与其发展援助计划相关的腐败。除此以外，它还与透明国际紧密合作，后者在柏林总部维持着U4的咨询服务。其他非政府组织以及国际性非政府组织联盟包括全球见证组织和全球诚信组织。

世界上多数国家也有许多单个的国内反腐败非政府组织。其中，来自100多个国家的350多个组织通过《联合国反腐败公约》联盟相互关联起来。该联盟成立于2006年，负责协调各种非政府组织的工作，并分享最佳实践经验。另一个全球网络是“发布付费内容”组织，在全球拥有800多个民间社会组织成员，其关注重点是采掘业的腐败和其他玩忽职守行为。

到目前为止，我们关注的重点都是有正式组织的机构，这些机构将反腐作为其首要或主要目标。但有时，比这些机构更强大的是一般公众。普通公民打击腐败的一种简单方法是报告已知或疑似的案件，或者仅仅是提出打击腐败的建议；这通常有一定的技术要求，例如要用到电话或电脑，但并非总有技术门槛（见图6）。另一种方法是公众成员拒绝行贿。遗憾的是，这一点有时说起来容易做起来难：如果自己或家人为了保命而获得医治的唯一方法，是向本该提供免费治疗的医生行贿，那么情有可原的是，许多人都会这么做。

图6　肯尼亚的反腐意见箱：打击腐败也有技术含量不高的方法

此外，还有其他方式可以使公众发挥重要作用。社交媒体在各
118 种领域，包括反腐方面，正变得越来越重要。在俄罗斯，关于腐败问题（特别是公共采购方面）最著名的博客作者是亚历山大·纳瓦尔尼。纳瓦尔尼的批评性博文引起了无数俄罗斯人的共鸣，他本人曾被视为2018年俄罗斯总统的热门人选。在全球层面，脸书网站现在
119 有一项功能，叫“说出腐败政治家和公务员的名字并羞辱他们”。

图7 在全球许多地区,针对腐败的公众抗议越来越常见

在2012年所写的腐败主题的著作中，弗兰克·沃格尔强调了推特的作用，认为这是经历了所谓“阿拉伯之春”的一些国家政治意识得以提高的主要因素，也可能是打击腐败的强大武器。毫无疑问，推特可以迅速动员起数千人抗议各种形式的不公正，包括腐败；推特在近年来发挥了作用，推动多国公民参加针对腐败的大规模抗议活动，包括阿根廷、巴西、保加利亚、印度、泰国、土耳其、乌克兰、美国和许多其他国家（图7）。一些大规模示威促使政权崩溃，另一些则招致了严厉的镇压。不过在后一种情况下，政权通常降低了自己的合法性，使其最终的覆灭更为可期。

对反腐的批评

从本章可以清楚地看出，国际上对腐败的关注只有20年左

120 右的历史。20年间，反腐运动几乎呈指数级增长。然而，这种发展趋势招致了一些人的批评，主要有两个原因。

首先，有些人指责国际反腐运动（至少是其中的一部分）为“文化帝国主义”。毫无疑问，运动的一些方面咄咄逼人，干涉了国家主权。但应当承认，这样做往往是由于该国印象腐败程度高，许多公民义愤填膺同时又感到无能为力。调查显示，一般公众往往感谢外部机构向国内精英施压、让其腐败行为收敛，尤其是在困难人群能由此得到外部援助的情况下。

第二，越来越多的批评者（其中多数是学者）声称，反腐斗争的结果是出现了一个反腐“行业”，它有了既得利益，有动力在反腐领域创造尽可能多的新岗位，使腐败状况看起来尽可能地严重。批评者认为，反腐败非政府组织和国家资助的反腐机构如果在减少腐败方面极为成功，就会面临鸟尽弓藏的局面，从而失去资金甚至遭到解散。从某种意义上说，反腐行业正面临着自身腐败的指责。

这种说法无疑有些道理，却并非无可指摘。例如，只有认定腐败已经最终根除，或者更务实地说，已经**永久地**减少到“可控”水平，说反腐机构多余才能成立。在现实世界中，腐败不断改头换面卷土重来，解散为反腐而设立的机构可能会导致其不断以
121 新的形式再生。

在批评反腐行业时，真正的危险是因噎废食。确保反腐机构高效、负责和透明至关重要，但是绝不能忘记腐败所具有的许多消极的、有时甚至是致命的影响。太多的分析人士发出尖锐的批评，却几乎没有提出任何积极的建议来解决这个极为现实的问题。

哪些方法奏效？

在本章和前一章中考察了许多打击腐败的方法之后，我们现在来解决就许多方面来说最为重要的问题：哪些方法是最有效的？遗憾的是，之前概述的每种方法都有缺点；由于篇幅限制，在分析这些方法时不得不有所取舍：这里将集中讨论国际努力的有效性，毕竟上一章已经评估了几种国内方法。那些数量繁多的公约等有没有什么显著效果，还是说它们实际上只是无用的虚文？

尽管欧盟和欧洲委员会有各种针对性的方案，腐败在大多数后共产主义国家仍然是一个严重问题。此外，2014年发表的第一份欧盟诚信体系报告明确指出，由于法规漏洞和道德政策执行不力，欧盟所属机构仍然容易受到腐败的影响。

根据2013年关于经合组织反贿赂公约执行情况的官方报告，“签署公约的40个国家中，有30个国家考虑到自身庞大的出口总额，几乎不会调查和起诉境外贿赂”——真是令人沮丧的结果。日本已批准该公约，但在多个场合都由于在现实中少有作为而受到批评。英国由于在2010年立法中严格反对公司贿 122
赂而受到赞扬，但之前也曾被指在执行经合组织公约方面无甚作为。

此外，还存在倒退的危险。在引入经合组织公约后的第一个十年里，美国和德国证明自己是出色的好公民（到2013年英国和瑞士也有同样表现），利用基于公约的法律起诉了数量众多的国内公司。但是，正如透明国际在对经合组织公约执行情况的年度评估中经常指出的，如果美国和德国这样的“好公民”看到其他国家在履行公约承诺方面无所作为，它们迟早肯定会自问，对自己的国内公司加以惩罚，从而把业务拱手让给对公约口惠而实不至的那些国家的公司，这样做是否公平。如果答案是否定的，它们或许将不会再做模范公民。

就《联合国反腐败公约》而言，直到最近才有监督程序，即从2010年才开始有“第一个五年审查周期”；这项工作要到2015年才能完成，现在断言其成功还为时过早。[①] 但是，一想到《联合国反腐败公约》自2005年即开始生效，人们必定会质疑，为什么评估其效力需要如此长的时间。而且，世界上一些贸易大国，特别是德国和日本，尚未批准《联合国反腐败公约》。该公约的效力到底有多大？理论上，**已经**批准公约的国家若不遵守，可以被诉至法院（联合国国际法院）；而在现实中，国际法院基本上没有执法权。

再来看看世界银行所付出的大量努力：事实已经表明，其跟踪调查能够大大减少腐败。但是，世界银行过去面临的一大批
123 评是，它的那项严厉政策，即一发现重大腐败就取消援助项目，伤害了最需要帮助的人。另一个问题是，其禁止名单的对象主要为个人和小公司；似乎强势跨国公司的不端行为一般能够逃脱处罚，相对弱势的公司和个人却做不到。2011年对世界银行反腐工作进行了一项内部审查，报告表明情况是复杂的。虽然在许多国家加强反腐机构取得了一些成功，但报告发现，世界银行远远没有实现其反腐目标。

所有这些令人失望的事实是否意味着，1990年代以来的反

① 本书英文版出版于2015年，实际完稿时间略早于此。

腐斗争本质上是在浪费时间和精力？腐败研究领域肯定有一些“大腕”会有类似的主张。曾在世界银行负责腐败和治理问题分析工作的丹尼尔·考夫曼在2005年总结称，十年的全球反腐努力乏善可陈；2009年，他又声称为反腐做出的努力“不温不火”。在介绍2013年腐败印象指数时，透明国际主席于盖特·拉贝勒指出：“2013年腐败印象指数表明，所有国家在各级政府中仍然面临着腐败的威胁，从颁发地方许可证到执行法律法规都是如此”；根据该指数，近70%的国家得分低于50（范围为0—100分），意味着它们的腐败较为严重。

尽管存在这些令人沮丧的结果和批评，仍有**部分**迹象令人鼓舞。在2014年的一本书中，迈克尔·约翰斯顿指出：

> 他们——也是我们——仍在寻找在各种社会中遏制腐败的方法，这一事实并不意味着努力的失败：毕竟，在一代人之前腐败甚至还没有得到广泛讨论……今天，这种意识的提高本身就是一个重大成就。

此外，U4（在其网站上）声称“在反腐方面很少有证据表明哪些做法有效、为什么有效”的确有几分道理，但比较分析已经 124
揭示了**部分**指导原则，不论在哪里，反腐工作要想取得进展，就应该坚持这些原则。最明显的经验之一是，到底是“众人拾柴火焰高”还是“三个和尚没水吃”，这个问题现在有了答案。正如乔·奎指出的，新加坡和中国香港地区在打击腐败方面取得的成功，在很大程度上与它们都拥有单一、强大、独立的反腐机构这一事实有关。在机构繁多的情况下，其职责往往重叠交叉甚至相互冲突，于是导致协调和推诿的难题；通常情况下，还会存在极端低效和资源浪费的情形。

许多分析人士认为，反腐措施最终成功与否取决于政治意愿。这一点就其本身来说是有说服力的，但需要进一步剖析和展开。例如，我们讨论的是**谁的**意愿？许多文化和语言中都有“上梁不正下梁歪”的说法，意思是说如果政治精英不能以身作则，腐败就会更甚。从这个意义上说，领导层的意愿似乎极为重要。不过，重要的并不仅仅是他们的意愿。领导层有可能一方面真正致力于打击腐败，同时又对自己下属的官僚机构没有足够的掌控，从而无法将这一意向变为现实。此外，在新自由主义主导的全球化世界中，政治领导人控制跨国公司的力量也是有限的。

因此，对于政治意愿我们现在可以在观点上作一些修正。政治领导人不仅必须真正投入，即具有打击腐败的政治意愿，还必须有**能力**贯彻其意愿。此外，涉及的众多方面，包括国家官员、公司企业、国际组织、民间社会和公众中的个体成员，也需要有打击腐败的意愿。这些行动者中的每一个所扮演的角色重要
125 性各不相同，国与国之间也有不同。然而，每一个都不可或缺。

在第六章中我们曾指出，腐败是一个邪恶的问题。它永远不会完全消失：正如塔西佗在数个世纪前所说的，立法者只要制定新的法律来打击欺诈和腐败，狡猾的人几乎立即就会找出办法来规避它们。但是，与某些国家相比，在另一些国家腐败似乎远不是一个问题：例如，那些民主传统强大、法治观念牢固、社会信任发达、民间社会成熟的富裕小国显然腐败较少，说明腐败能够降低到可控水平。

不过，短期前景并不光明。法治和充满活力的民间社会都与运行良好的民主国家有关。世界正义工程的2014年法治指数表明，该年度腐败情况比上一年略有改善，但《经济学人》智库的民主指数（目前可能是世界上整体民主水平最权威的指南，自2007年来几乎每年发布一次）为2011年和2012年写下的两个副标题，分别是“压力下的民主”和“停滞的民主”。此外，基本上没有道德考量的新自由主义意识形态（强调目的重于手段并模糊国家和市场的界限）仍然支配着全球经济，这可不是什么好兆头；不过，科林·克劳奇等学者倒是怀着希望，期待全球金融危机能改变这种状况。反腐之战，任重道远。 126

索　引

（条目后的数字为原书页码，
见本书边码）

A

B

C

D

E

F

G

H

I

J

K

L

M

N

O

P

Q

R

S

T

U

V

W

Y

Z

Leslie Holmes

CORRUPTION

A Very Short Introduction

In memory of my father-in-law, incorruptible and unselfish, Mr Zhou Shimin

Contents

Preface

Open almost any newspaper on almost any day of the week in almost any country nowadays and you will find a report of one or more corruption scandals. According to surveys of more than 24,000 people conducted on behalf of the BBC in late 2010 and late 2011 across twenty-six (in 2010) and twenty-three (in 2011) countries, corruption was the topic most frequently discussed by the public globally, ahead of extreme poverty, unemployment, the rising cost of food and energy, climate change, and terrorism. Since these polls were run at a time when most countries were still suffering the effects of the 2008 GFC (Global Financial Crisis), such results testify to the significance of corruption in the contemporary world. Indeed, a more recent (2013) survey of almost 70,000 people in sixty-nine countries, conducted by WIN/Gallup International, provides further evidence to support this contention; it identified corruption as the world's no. 1 problem.

Whether in the developing world, transition countries, or the developed world, more and more citizens are becoming aware of the serious negative effects of corruption, and are demanding that their authorities do something about it. Governments that do not heed such demands do so at their own peril. For instance, public resentment at the high levels of perceived corruption was a major factor in the overthrow of the Yanukovych regime in Ukraine in early 2014, and in the mass unrest that resulted in so many deaths and led to the toppling of the government in Thailand in 2013-14. Innumerable further examples could be cited.

Yet it is only relatively recently—since the mid-1990s—that the international community has become fully aware of the corrosive and potentially devastating effects of corruption. It is the importance of the issue that has led me to write this short introduction.

The study of corruption cannot be neatly pigeon-holed in terms of a particular academic discipline, and this brief analysis draws on the work of anthropologists, criminologists, economists, historians, lawyers, political scientists, and sociologists. But the topic is now so widely discussed and affects so many people that it would be a serious mistake to consider the work only of academics; the important contributions of practitioners in International Organizations, non-governmental organizations, and elsewhere are also considered here.

Since I have been researching and teaching corruption for some three decades, it would be impossible to thank individually all those who have helped me to deepen my understanding of this complex phenomenon. But I do want to single out the hundreds of postgraduate students I have taught in Melbourne, Warsaw, and Bologna who, over many years, have asked me challenging questions and shared their own experiences and knowledge of corruption with me. I am also grateful to the four anonymous reviewers of this project; were it not for them, there would be even more errors and oversights than there still are in this book, and for which, of course, I am solely responsible. I thank the Australian Research Council for the considerable funding they have awarded me over almost three decades to investigate various aspects of corruption, and Andrea Keegan, Emma Ma, and Jenny Nugee at Oxford University Press for all the help they have given me in bringing this project to fruition. Finally, I want to thank my wife, Rebecca, for her continuing love and support; her tolerance and understanding when I spend far longer in my study, and travel overseas far more often than I should, are deeply appreciated.

L. H.
August 2014

List of illustrations

List of tables

List of acronyms

Only acronyms used more than once or not defined in the text are included here.

ACA	Anti-Corruption Agency
AML	Anti-Money Laundering
AWB	(formerly Australian Wheat Board)
B2B	business to business
BAE	(the name from 1999 of merged British Aerospace and Marconi Electronic Systems)
BBC	British Broadcasting Corporation
BEEPS	Business Environment and Enterprise Performance Survey
BPI	Bribe Payers' Index
CDU	Christian Democratic Union
CEE	Central and Eastern Europe
CoE	Council of Europe
CPI	Corruption Perceptions Index
CPIB	Corrupt Practices Investigation Bureau
EDI	Economist Democracy Index
EU	European Union

FATF	Financial Action Task Force
FBI	Federal Bureau of Investigation
FCPA	Foreign Corrupt Practices Act
FIFA	Fédération Internationale de Football Association (International Federation of Association Football)
FSI	Failed (or Fragile) States Index; Financial Secrecy Index
GCB	Global Corruption Barometer
GCI	Global Competitiveness Index
GCR	Global Competitiveness Report
GDP	Gross Domestic Product
GRECO	Group of States against Corruption
ICAC	Independent Commission Against Corruption
ICJ	International Court of Justice
ICVS	International Crime Victim Survey
IFI	International Financial Institution
IGEC	Interpol Group of Experts on Corruption
IMF	International Monetary Fund
INGO	International non-governmental organization
Interpol	(common acronym for what is officially ICPO—International Criminal Police Organization)
IO	International Organization
NGO	Non-governmental organization
NSW	New South Wales
OECD	Organization for Economic Cooperation and Development
PETS	Public Expenditure Tracking Survey
PRECOP	Protection of the Entrepreneurs Rights in the Russian Federation from Corrupt Practices
QSDS	Quantitative Service Delivery Survey

RLI	Rule of Law Index
RUCOLA	Russian Federation—Development of Legislative and Other Measures for the Prevention of Corruption
SNAC	Southern Neighbourhood Against Corruption
TI	Transparency International
TNC	Transnational Corporation
UK	United Kingdom
UN	United Nations
UNCAC	United Nations Convention Against Corruption
UNODC	United Nations Office on Drugs and Crime
US(A)	United States (of America)
USSR	Union of Soviet Socialist Republics
WTO	World Trade Organization

Chapter 1
What is corruption?

Corruption has existed and been a problem since the beginning of human history. Corruption and general moral decay have been seen as major factors explaining the decline of the Roman Empire, while the Protestant Reformation arose to no small extent as a response to what were perceived to be various forms of corruption, including the improper sale of indulgences, in the Catholic Church.

In its traditional sense, corruption refers to moral impurity; the word itself derives from the Latin for 'to spoil, pollute, abuse, or destroy', depending on the context. But the concept of corruption has changed over the centuries and varies somewhat across cultures. It has been used in broad terms to describe any deviation from the norm that is considered improper; in the past, and to this day in countries such as Iran, this was often related to religious norms. Such usage is rare in contemporary English, and the term nowadays refers primarily to improper behaviour linked to one's official position; this is the focus of this short book. But what constitutes improper behaviour, or even an official position, is contested; the debates on what corruption means today form a key component of this chapter.

Current debates on defining corruption

A significant problem in attempts to combat corruption is that analysts cannot fully agree on what it is. At one end of the spectrum is the broad interpretation that corruption, like beauty, lies in the eyes of the beholder. At the other end is the legalistic approach, according to which an act or omission is corrupt only if explicitly identified as such in legislation.

The definitional confusion can be demonstrated using two significant examples. First, there is no definition of corruption in what the United Nations itself describes as 'the only legally binding universal anti-corruption instrument', the United Nations Convention Against Corruption (UNCAC). This is largely because those who produced UNCAC could not agree on a definition. Second, the world's leading anti-corruption INGO (international non-governmental organization), Transparency International (TI), has for most of this century used *two* definitions—but now fudges the issue. For its best-known product, the annual Corruption Perceptions Index (CPI), it used until 2012 what is still the most commonly cited definition, 'the abuse of public office for private gain'. This definition is similar or even identical to that used by many other agencies, such as the World Bank. But in all other contexts, TI defines corruption as 'the abuse of entrusted power for private gain'. The principal difference between these two is that the first requires an officer of the state to be involved, whereas the second, also favoured by Interpol, is broader, and allows for the miscreant behaviour of, for instance, senior executives of private corporations and even corruption purely within the private sector (B2B, or business-to-business—see Figure 1). In 2012, TI stopped defining corruption for its CPI (though in the words of the 2013 CPI, it 'measures the perceived levels of public sector corruption'), thus reflecting the general confusion.

1. B2B: some prefer a broad definition of corruption.

Unfortunately, even TI's first—narrow—definition is subject to diverse interpretations. Is the 'abuse of public office' limited to essentially *economic* improprieties—sometimes described as 'modern' corruption—such as embezzlement or accepting bribes? Or does it include what are sometimes called *social* improprieties—or 'traditional' corruption—such as appointing members of one's family (nepotism) or friends and colleagues (cronyism) to public office when they are not the best-qualified person for the post? Do political parties, especially those not represented in the legislature, hold public office—and, if not, can they be accused of corruption in this narrow sense?

Another problem with the term 'public office' has become more pronounced in recent decades as neo-liberalism has spread across the globe. Neo-liberalism is an ideology that advocates a reduction in the role of the state and an enhanced role for the market. One of its key features is that it blurs 'public' and 'private'. Many states now outsource tasks they once performed themselves, but which the public still considers to be the state's responsibility. For instance, prisons were once run almost exclusively by the state, whereas an increasing number nowadays are run by private companies under contract to the state. If a prison warder employed by a private company accepts bribes to smuggle drugs into prisons for use by inmates, is s/he being corrupt according to the narrow definition? Is such a person occupying a *private* or a *public* office? Our view is that if citizens consider a given office as ultimately the state's responsibility, then someone abusing that office for personal or group advantage is corrupt.

The term 'private gain' is also far from straightforward. There is universal agreement that a state functionary who accepts bribes for personal enrichment is being corrupt. But what about office-holders of political parties who accept questionable donations for their organization, but who appear to derive no immediate *personal* benefit? This is a less clear-cut example than the first, and is subject to different opinions.

It should by now be clear that there are often perfectly good reasons for differences both in defining corruption generally, and in deciding whether a particular act or failure to act (omission) constitutes corruption. We can now explore the reasons for such differences.

Reasons for different conceptions of corruption

One reason for different interpretations of corruption is culture. Here, culture can be defined as the dominant beliefs, attitudes, and behaviour in a given society, which might relate to its principal religion, and whether or not the country was a colony or a colonial power. In short, culture is heavily influenced by tradition and history.

An example of a cultural interpretation of differing approaches to corruption is that what was earlier described as 'economic' or 'modern' corruption has been called 'Western' corruption, whereas 'social' or 'traditional' corruption has been labelled 'Asiatic'. Like so many labels in social science, there are problems with these two, and they can be very misleading. For instance, some argue that patronage and clientelism are typical of Asian societies, where they are—allegedly—not seen as forms of corruption. There are at least two major problems with this claim.

First, dominant views on whether or not patronage and clientelism constitute corruption vary across Asia; they are not the same in Singapore as in Cambodia, for example. Views on these vary in 'the West' too. Whereas most Anglophone and Nordic specialists on corruption maintain that clientelism constitutes a form of corruption, most Italian specialists reject this. In fact, opinion surveys in various countries reveal that even the notion of 'dominant views' of what constitutes corruption is often misleading. In the late 1990s and early 2000s, the World Bank conducted 'diagnostic surveys' in various countries. These included imaginary scenarios, and respondents were asked whether or not they considered them to be examples of corruption; in many cases, it emerged that respondents' views were deeply divided. So the assumption that 'Russians' or 'the British' have a common understanding of corruption is challenged by survey results. Moreover, it should not be assumed that just because government spokespersons from Country X claim 'this is not corruption, it is simply part of our culture', most citizens agree with this. Again, surveys reveal that many citizens *do* consider a given activity corrupt, and do not condone it; but they feel helpless to challenge their elites, who maintain that it is part of their culture purely in order to justify their own questionable behaviour. The second—even more persuasive—counter-argument is that there is plenty of 'traditional' corruption in the West, and no shortage of 'modern' corruption in Asia.

We can now consider an example of what is often seen as a cultural difference between four countries in terms of their attitudes towards personal ties. The four terms examined are the Russian concept of *blat*, the Chinese concept of *guanxi*, the originally American (though increasingly globalized) concept of networking, and the British—primarily English—concept of the 'old school tie'.

The Russian term has been changing its meaning in recent years, but in Soviet times referred to informal agreements between people to help each other through non-monetary exchange; it is thus close to the concept of bartering, and was a coping mechanism in a system in which there were widespread shortages of both durable and non-durable consumer goods. Thus, a farmer might have agreed with an electrician to supply the latter with eggs and chickens for two years in return for having his old farmhouse re-wired. But whereas bartering is merely a form of exchange between people, *blat* involves the development of personal relations, notably trust and a sense of reciprocity, between those engaged in it.

The Chinese concept of *guanxi* also refers to relationships that develop between individuals or groups, and that involve potentially long-term mutual obligations—reciprocity. I might develop either a friendship or a professional relationship with a Chinese person, whom I help in some way. That person then feels obliged to return the favour at some point in the future, perhaps many years later. But he or she will not forget that I am owed a favour.

The increasingly popular notion of networking involves the creation of informal ties intended to bring benefit to those involved. If I cultivate someone I meet at a business convention or an academic conference with the ultimate aim of taking advantage of that contact, I am attempting to influence that person on the basis of a (possibly weakly developed) relationship, rather than purely in terms of my qualifications. Hence, while this is probably the least criticized of the four types of informal relationship analysed here, it can still be seen as a form of corruption if a very broad definition of that term is adopted.

Whereas many would reject the notion that networking has anything in common with corruption, the British concept of the 'old school tie' is widely criticized. People who may not even have met nevertheless privilege each other on the basis of having attended an elite group of schools in the UK. Thus, A, B, and C all attended leading public (i.e. the most elitist private) schools. C is seeking employment, and is known to B, who encourages A—who has never met C—to offer C a position, even though C is not the best qualified person for that position. Of the four types of informal relationships considered here, the 'old school tie' is the most exclusionary; if I did not attend one of the elite schools as a child, there is no way I can ever break into the insider group. This is an important distinction between the first three types of relationship and this one, which is the most open to classification as a form of corruption.

The main point to note about these four versions of informal ties is that, while each is distinct and culturally specific, there are also commonalities between them. All four involve the creation of insiders and outsiders, with privileges for the insiders. All four are seen by some members of society as corrupt, though a far higher proportion of Britons would consider the 'old school tie' as improper than Chinese would criticize *guanxi* or Americans would question networking. In short, cultural differences exist, but are often exaggerated.

Of course, if the narrow version of corruption is adopted, none of these would constitute corruption unless the relationship involved an officer of the state. But adopting the broad version leaves the door wide open to describe all sorts of relationships between people—even friendships—as corrupt; this is one of the principal reasons why the preference in this study is for the narrower approach to defining corruption.

In addition to cultural factors, another problem arises because different jurisdictions work to different definitions of corruption. While this may partly be explained by and linked to cultural differences, there are other reasons. The main one is that the legislative situation varies. This can be because legislators have been advised by different specialists. In more open and democratic societies, legislation may be the result of compromise between different groups both within and beyond parliament—and the particular permutation of diverse interests is unique to each society. This explanation is less likely to apply in authoritarian systems. But such systems are typically more corrupt than more democratic ones, and ruling elites often choose either to have no explicit anti-corruption legislation—and hence no legal definition—or else deliberately vague laws; they want to preserve their privileged positions, and prefer not to introduce laws that could be used to undermine these.

Finally, analysts sometimes choose narrow definitions of corruption for methodological reasons. Thus, a leading German scholar opted to define corruption principally as bribery for one of his analyses, since it was more straightforward to conceptualize it in this way than to include more disputed aspects such as social corruption.

Classifications of corruption

Before elaborating the dominant approach to corruption used in this book, it is worth considering some of the ways in which analysts have classified different types of corruption.

In line with the point that the views of most citizens might differ from those of the elites, the scholar often seen as the grandfather of comparative corruption studies, Arnold Heidenheimer, drew a useful distinction between what he called 'black', 'white', and 'gray' (using US spelling) corruption. Based on his awareness that elites and ordinary citizens sometimes perceive phenomena in different ways, Heidenheimer defined black corruption as activities that most members of both the elites and the masses condemn and want to see punished, whereas white corruption refers to activities that, while still formally perceived as corruption, are more or less tolerated by both groups, who do not want to see perpetrators penalized. Gray corruption refers to activities about which elites and the general public have differing views, or about which there are significant differences of opinion, including ambivalence, even within each of these two main groups.

Another tripartite distinction drawn by Heidenheimer is between public office-centred, market-centred, and public interest-centred approaches to corruption. The first focuses on corruption as behaviour that deviates from that expected of a public official, and that is explained in terms of the official's desire for improper personal benefit. Market-centred approaches interpret corruption in terms of public officials treating their positions as a source of private income or business. What they can offer and what they can charge (e.g. how much they can demand as a bribe) depends on the supply of and demand for the good or service they are offering—in short, on the market situation. Finally, the public interest-centred approach focuses on the harm done to the public because of the improper self-serving behaviour of public officials.

A third distinction often drawn is between 'grass-eating' and 'meat-eating' corruption. These terms were coined in the Knapp Commission's early-1970s report on corruption in the New York Police Department. The former refers to officials who will accept a bribe if offered one, whereas the latter refers to more predatory corruption, in which officials actually solicit bribes; the former is also sometimes called reactive corruption, and the latter proactive. A related approach is to distinguish between extortive and transactive corruption. In the former, the bribe-taker exerts pressure on someone to give a bribe, which basically equates to meat-eating. In the latter, the two agents (bribe- or favour-taker and bribe- or favour-giver) are more equal; both are basically willing partners, who negotiate a deal.

A distinction found in many official anti-corruption documents might initially appear to refer to the same phenomena as 'grass-eating' and 'meat-eating' corruption, since 'passive' looks like an alternative way of describing the former, and 'active' as another term for the latter. But this is not how the terms are used. The first typically describes the act of offering a bribe, whereas the second refers to acceptance of a bribe. This usage is problematic, since the connotations of the terms active and passive in such an application suggest that the recipient of the bribe—an official—is less responsible for the improper act than the so-called donor. Thus, a police officer who suggests to a motorist that a bribe would ensure the non-issuance of a speeding fine would, in this classification, be described as passively corrupt, whereas the motorist would be actively corrupt. While the use of these terms is arguably more acceptable if applied, for instance, to a corporation that exerts pressure on a previously uncorrupt procurement officer to accept a bribe, it is highly misleading in cases where an officer of the state extorts money from a citizen or business. Moreover, if it is accepted that officers of the state should be setting an example to ordinary citizens and even the business sector, it becomes clear why this terminology is confusing.

A fifth distinction is between petty (or low level) and grand (high level or elite) corruption. The former applies to the kinds of corruption the ordinary citizen is likely to encounter in their everyday lives—while driving, or applying for a permit to extend their house, for example. Grand corruption, as its name suggests, refers to corruption at the elite level, such as politicians adopting legislation that favours a group that has bribed them, or a minister giving the go-ahead for a major development against the recommendations of her advisers and even the regulations—again in return for a bribe. If the broad definition of corruption (i.e. including self-interested misconduct solely within the private sector) is included, much corruption would be at the level of the corporation and thus closer to grand corruption.

Along somewhat similar lines, the World Bank has since 2000 distinguished between 'administrative (or bureaucratic) corruption' and 'state capture'. The latter has been described by Joel Hellman and Daniel Kaufmann, both at the time working for the World Bank, as '*a form* of grand corruption' (emphasis added); in 2000, together with Geraint Jones (also of the World Bank), they defined state capture as:

> firms shaping and affecting *formulation* of the rules of the game through private payments to public officials and politicians (emphasis added)

Since the original coining of the term, its usage has been broadened by other analysts to include, for instance, improper efforts by organized crime to influence legislation. Hellman, Jones, and Kaufmann defined 'administrative corruption' as:

> 'petty' forms of bribery in connection with the *implementation* of laws, rules, and regulations (emphasis added)

Many analysts have since broadened the usage of this term too, so that any improper actions or omissions relating to the implementation of rules can be described as administrative corruption.

As with the terms 'active' and 'passive' corruption, a drawback of the term 'state capture' is that it can be interpreted to imply that those offering bribes are more culpable than those accepting them. The World Bank officials who originally promoted the concepts stress that this is not their intention; they are particularly concerned with the officers of the state who accept the bribes. But the potential for misunderstanding would have been reduced had a term that focused attention on the corrupt officials—such as 'selling the state' instead of 'state capture'—been adopted.

A more complex typology than the World Bank's has been produced by Rasma Karklins. Focusing mainly on the post-communist transition states of Central and Eastern Europe (CEE), she divides corrupt acts into three basic types, each of which is further sub-divided—low-level administrative corruption; self-serving asset-stripping by officials; and state capture by corrupt networks. Types one and three are basically the same as the World Bank's. But Karklins' second one is an important addition, and can be found in many transition countries in recent years. Thus, analysts of the post-communist states often refer to '*nomenklatura* privatization'. This was a process common in many CEE countries during the 1990s, in which the former elites from the Communist era—the *nomenklatura*—were able to take ethically questionable advantage in various ways (e.g. kickbacks from purchasers; direct purchase themselves at knock-down prices) of the sell-off of previously state-owned enterprises.

Related concepts

Many phenomena overlap with, or are similar to, corruption. Since corruption itself is a disputed concept and can be interpreted in both narrow and broad ways, it follows that some will distinguish between closely related concepts, whereas others will want to see them as variants of corruption. Bearing this in mind, the following distinctions introduce readers to the main terms often seen as related to corruption.

Bribery and Corruption

The fact that we talk in English of 'bribery and corruption' in itself implies their close connection. But, as became clear from the earlier discussion of social corruption, corruption can be in the form of improper professional relationships—favouritism of one kind or another—and thus need not involve bribery. Moreover, some officials take advantage of their position to embezzle funds from the state; this is another form of corruption that does not involve bribery. Conversely, bribery can occur purely within the private sector; while this constitutes corruption in its broad sense, it is not corruption in its narrow sense.

Bribes and gifts

One of the trickiest issues in determining whether or not a given act constitutes corruption is how to distinguish a gift from a bribe. In many Asian cultures, not only is a gift not seen as a bribe, but it can be insulting to decline it, or to treat it as essentially a bribe. This is an example of cultural difference; not only elites, but also most citizens in most Asian states believe that it is polite and required to show hospitality by giving a visitor a gift. Conversely, many Westerners have reservations about accepting gifts. As so often applies in attempting to determine appropriate boundaries for corruption, this issue cannot be seen in simple black and white terms. Moreover, Westerners are sometimes unwittingly hypocritical on this issue; many managers who criticize or feel uncomfortable about Asian 'gift-giving' consider it appropriate to give their personal assistants presents at Christmas as a way of showing their appreciation for the assistants' hard work and loyalty over the previous year.

While there can be no definitive solution to this issue, we can in most cases distinguish reasonably clearly between a gift and a bribe by considering a list of six variables:

1. *The intention of the donor.* Does the person offering the 'gift' either implicitly or explicitly expect something in return? If not, the term bribe—and hence the possibility of corruption—does not apply.
2. *The expectation of the recipient.* Does the person receiving the 'gift' expect to have to reciprocate in some way? If not, the receiving of a gift is much less likely to constitute an act of corruption.
3. *The timing of the giving.* If a supplicant—someone who, for

example, wants to secure a permit to construct a new tower block—offers a 'gift' to the relevant official *before* that official has reached a decision, it almost certainly constitutes a bribe. If the gift is offered *after* a final decision has been made and there was no earlier hint from the supplicant that a positive outcome on the application might result in a reward, then the gift is less likely to constitute a bribe.

4. *Value of the 'gift'.* Obviously, giving a teacher an apple is very different from giving her a new Mercedes-Benz. In fact, the difference is of degree, rather than a qualitative one. However, an increasing number of states and international organizations now recognize that the difference of degree is so great that a distinction should be drawn between the two acts. Where to draw the line can be problematic, however; this issue is revisited in Chapter 6.
5. *The legal perspective.* This is a formal variable, and involves examining what the laws or regulations proscribe in a given country or organization. For instance, police officers in Singapore are prohibited from accepting free drinks from fast-food outlets, whereas in parts of Australia, there is no such regulation. This variable differs from the other five in that it can be removed from this list without affecting the latter's utility.
6. *The perceived social acceptability of the transaction.* Unlike the previous variable, this one focuses on informal dimensions of the issue, namely the views of most members of the public. It has been noted that cultures can have different views on what constitutes corruption and its level of acceptability. One way of acknowledging such differences is to seek to determine the dominant attitudes towards a given act or omission in each country through surveys, analysis of the media, etc.

Corporate and white-collar crime

It will be recalled that TI changed its preferred definition in 2000 to allow for the fact that corruption could, in their view, occur purely within the private sector (B2B corruption). However, this approach stretches the concept of corruption unnecessarily, and there are good reasons for distinguishing between the state and the private sector. In most cases, if I am dissatisfied with the goods or services of one private company, I can switch my custom to another; market economics is based on competition. But the state has a virtual monopoly; if I do not trust the judiciary or police, for instance, I cannot turn elsewhere for law enforcement. Moreover, in cases of disagreement, the state should be an arbiter—a referee—between individuals and organizations; the business sector does not perform the same role. These are two good reasons why it makes sense to distinguish the state from the private sector.

Finally, there are perfectly adequate terms to describe abuse of one's position for personal gain in the private sector or malfeasant behaviour by private organizations. The most common term for the former is white-collar crime, while corporate crime is widely used to describe the latter. A major drawback of both terms is that much of what is reported in the media as 'crime' is not in fact illegal, merely socially unacceptable (i.e. illicit rather than illegal). It is therefore usually preferable to label them respectively white-collar misconduct and corporate misconduct, although it is appropriate to call particular cases crimes if the law has been broken.

Organized crime

There is often considerable overlap and interaction between organized crime and corruption; indeed, organized crime could not get away with as much as it does were it not for collusion between criminal organizations and corrupt officials. There are also many similarities between the two phenomena. Both criminal gangs and corrupt officials pursue vested interests that run counter to those of society and the state. Both organized crime and corruption can involve activities considered improper by most citizens but that are not technically illegal (so that organized *crime* is not invariably an accurate term for the activities of some gangs). While some analysts distinguish organized crime from corruption by arguing that the former necessarily involves violence (whether actual or threatened) whereas the latter does not, police officers sometimes use or threaten violence in a way not sanctioned by the state.

But a key conceptual difference is that corruption involves officials (or private-sector executives and professionals, if the broad definition of corruption is used), whereas organized crime does not, unless collusion is involved. Another is that corrupt officials sometimes operate on an individual basis—as so-called rotten apples—whereas organized crime necessarily involves group activity.

An alternative to definitions

For most situations, the narrow definition used by the World Bank and so many other organizations and specialists is adequate, if not totally unproblematic. But when a more nuanced or detailed approach is required, we can use five criteria to identify an action or omission (e.g. deliberately turning a blind eye in return for some reward) as corrupt or not; all five must be met for the action or omission to constitute corruption (see Box 1).

This set of criteria conforms to our own preference for the narrow definition of corruption. But it can easily be modified—by substituting 'a position of entrusted power' for 'public office', for instance—to suit those who prefer the broad definition. In the remainder of this book, while the emphasis is on official (narrow) corruption, examples from the corporate world and even sport will also be cited.

It has been shown that there is no universal agreement on what constitutes corruption, and why this is so. Nevertheless, there is widespread agreement on the narrow definition—private abuse

Box 1 Criteria for identifying corruption

- the action or omission must involve an individual or a group occupying public office, whether elected or appointed
- the public office must involve a degree of authority relating to decision-making powers, law enforcement, or defence of the state
- the officials must commit the act or omit to do what they should at least partly because of personal interests or the interests of an organization to which they belong (e.g. a political party) or both, and these interests must ultimately run counter to those of the state and society
- the officials act or omit to act partly or wholly in a clandestine manner, and are aware that their behaviour is or might be considered illegal or illicit. If uncertain about the level of impropriety, the officials opt not to check this—not to subject their actions to the so-called *sunlight test* (i.e. permitting open scrutiny of their actions)—because they wish to maximize their own interests
- the action or omission must be perceived by a significant proportion of the population and/or the state as corrupt. This final criterion helps to overcome the problem of cultural difference in interpreting corruption

of public office—as a starting point, even if the terms private abuse and public office are subject to interpretation. Applying the five criteria test will in most cases satisfactorily answer the question of whether or not a particular action or omission constitutes corruption, and will be used for the rest of this book. Beyond that test, individuals must decide for themselves on the basis of the so-called elephant test—'it is difficult to describe, but I know it when I see it'—whether or not a particular case constitutes corruption.

Chapter 2
Why corruption is a problem

Corruption impacts upon individuals, groups and organizations (including the state) in numerous ways. While many of its negative effects are obvious, others are less so. For the sake of a clearer exposition, they are considered here in terms of social, environmental, economic, politico-legal, security-related, and international implications; in the real world, the impact of particular acts of corruption is often on several areas simultaneously.

Society

There are so many ways in which corruption can negatively impact on society that selectivity is required here. One is on the working and living conditions of ordinary people. In a speech delivered in Washington DC in May 2013, the Executive Director of the Ugandan Anti-Corruption Coalition argued that if the vast sum corruptly diverted from government pension funds in a scandal that broke in her country in 2012 had been properly invested, it could have resulted in a well-needed salary boost of 50 per cent for more than 30,000 primary school teachers or 46,000 police constables, or it could have provided almost 18 million doses of anti-malaria therapy.

For many developing and transition states, one of the most serious problems of corruption is that it can result in reduced aid, as potential donors or lenders either terminate or refuse to provide funds to countries in which elites appear to be diverting most of these resources for personal gain. Unfortunately, it is usually the poorest members of society who suffer most from this.

Corruption tends to create a greater sense of 'them' and 'us' in society, both vertically and horizontally. The gap between elites and the public is often wider than necessary because corrupt officials are perceived to be creaming off a country's wealth at the expense of ordinary citizens (i.e. a vertical divide). At the same time, corruption can increase divisions between citizens themselves (horizontal divide), as those unwilling or unable to pay bribes to obtain what they need become resentful of those who can and do.

A related fact is that corruption can increase inequality. While many citizens will tolerate reasonably high levels of inequality if this appears to be based on merit, they will resent it if based more on personal connections and bribery to obtain prestigious jobs and promotions. The problem is exacerbated if growing inequality is accompanied by higher levels of poverty, which is often the case. In a seminal analysis published by the IMF in 1998, the authors analyse data from more than thirty countries over an 18-year period and demonstrate convincingly that increased levels of corruption increase both income inequality (as reflected in the Gini coefficient) and poverty levels. Since poverty is linked to poorer health, both physical and mental, corruption can impact directly on people's well-being.

If corruption means increased distrust of the state and its officers, there can be a widespread 'return to the family' and increased attachment to kinship. A potentially negative effect of this is that enhanced identification with 'kith and kin' can result in reduced social capital and growing estrangement between groups in society, which can lead to ethnic conflict.

High levels of corruption and the consequent low levels of trust in the state can increase the sense of insecurity in society. For example, if citizens do not trust their law enforcement officers because of the latters' corruption, they will be less willing to report crimes to the authorities and to cooperate with those authorities; this typically leads to higher crime rates, and hence a greater sense of insecurity among the general public.

Officials themselves can feel more insecure because of corruption. If the political elite decides to clamp down heavily on corruption, even honest officials may be concerned that actions not currently seen as corrupt may in the future be classified as such, with the concomitant penalties; this can lead them to hesitate in fulfilling their normal and proper duties, or even to refuse altogether to perform them. In an ideal rule-of-law state, in which no legislation is ever retrospective, this problem would not arise; but few states nowadays, even in the West, adhere strictly to the notion of no retroactive laws.

In many post-communist countries, the early transition phase was rendered more difficult because these states had for decades had no true capitalist class, and hence no group with legitimate funds to invest in the new marketized and privatized economy. In such a situation, corruption can help to create a new wealthy bourgeoisie; but this is based on illicit income, which undermines popular support for this new class and its ideas.

According to some analysts, the joint (with cybercrime) fastest growing branch of organized crime in recent years is human trafficking. The scale of such trafficking is significantly higher than it would otherwise be because of the collusion of corrupt officials in this modern form of slavery. One of the main African countries from which many women are trafficked into Europe for prostitution purposes is Nigeria: Osita Agbu has provided a detailed analysis of the role of corrupt officials in this.

In addition to the role of corruption in human trafficking, corrupt officials can be complicit in arms trafficking, which can increase homicide rates and aid terrorists. Two Bangladeshi government ministers were sentenced to death in 2014 for their involvement in weapons trafficking.

Corruption can endanger lives. This assumes various forms, one of which relates to flooding. Among the many advantages trees have is that they can bind soil; but in some countries, corrupt officials have on occasions turned a blind eye to the logging of trees along riverbanks in return for bribes. This has sometimes resulted in riverbanks collapsing following heavy rains, with the destruction of thousands of properties built at the water's edge, and many lives lost in the floods.

Another all too common way in which corruption can endanger lives relates to the construction industry. Building and safety inspectors who ignore malpractice in this industry, including the use of sub-standard materials, in return for bribes have been prosecuted for injuries and even deaths arising from improper construction work. A particularly serious example, in which thirty-five people were killed, was of a building collapse in the Egyptian city of Alexandria in 2007, which led to allegations of widespread corruption among local officials. Clearly the Egyptian authorities need to do far more, with further examples from this and other cities occurring more recently; at least twenty-four people were killed in January 2013 when their apartment block in Alexandria collapsed—again resulting in serious allegations of corruption, including from the Minister of Housing (Figure 2). In terms of the number of people killed, even worse was the collapse of a department store in Seoul (South Korea) in 1995 that resulted in 502 deaths; the collapse was eventually attributed partly to the corruption of two city building inspectors, who were found guilty of accepting bribes during the building's construction phase.

2. A building in Egypt collapses in 2012, killing 19, allegedly as a result of corruption.

The focus so far has been on the negative impact of corruption in the narrow sense (i.e. that involves state officials). But in the 21st century, the general public has become far more aware of the potentially devastating effects of corruption in its broad sense. As one Western corporation after another—Enron (USA), Worldcom (USA), Parmalat (Italy), Siemens (Germany), AWB (Australia), to name just a few—has been shown to have been engaging in misconduct, including bribery and kickbacks to secure overseas contracts, so the public's trust in the corporate sector has plummeted. Many maintain that the 2008 Global Financial Crisis was partly the result of corporate misconduct, and have cited this as the source of major economic problems that have had such a deleterious social impact, including on employment and pension schemes.

The *reporting* of corruption can also have a negative effect on the public, since it can increase a general sense of disappointment, even despair. Finding the optimal amount and type of reporting is difficult, however; to cite a truism, 'bad news is good news' for the media, and few can restrain themselves from reporting as many scandals as they can, whether or not allegations have been thoroughly investigated. Irresponsible reporting of corruption can make people suspicious of the 'watchdog' role of the media, which has negative implications for the development of civil society.

Environment

Arguably the greatest long-term issue facing humanity is the environment. Unfortunately, corruption generally compounds the already existing problems in this area. According to the United Nations Office on Drugs and Crime (UNODC), environment-related corruption includes:

> Such practices (as) embezzlement during the implementation of environmental programmes, grand corruption in the issuance of permits and licenses for natural resources exploitation, and petty bribery of law enforcers.

The UNODC has also identified sectors most at risk: they include forestry, oil exploitation, the trafficking of endangered species, and hazardous waste management.

Many of the world's largest producers and exporters of timber, including Brazil, Indonesia, and Russia, have experienced substantial environmental damage because of illegal logging facilitated by corrupt officials. There are claims that more than half the timber produced in the world in recent years is the result of such logging, much of it involving bribery and corruption.

As for endangered species—in 2011, the head of the 'Freeland' NGO that seeks to combat wildlife trafficking argued vis-à-vis South-East Asia that the number one problem his organization was running into with its anti-trafficking programme was corruption, especially high-level corruption. Corruption can contribute to the extinction of various species of wildlife.

Economy

The most researched and reported aspect of the impact of corruption is the economic. In an oft-cited analysis published in the mid-1990s, economist Paolo Mauro argued against those who had in the 1960s claimed that corruption—for instance, in the form of facilitation payments or 'speed money' to state bureaucrats to accelerate the issuance of permits—could actually increase economic growth rates. On the basis of a considerable amount of data, he compared growth rates with subjective assessments of the level of corruption in various countries, and concluded that corruption discouraged investment, which in turn decreased growth rates. While some have challenged this argument, the majority view is that Mauro was basically correct. For instance, in an article published in 2000, Shang-Jin Wei argued that foreign direct investment (FDI) is lower in countries with higher rates of corruption, as potential investors are deterred by it.

Perceptions of high levels of corruption in a given country can render it either difficult or impossible for that country to be admitted to international 'clubs'—notably the EU—that it is hoping to join precisely because it sees substantial potential economic benefits in such membership. Even once in such supra-national groupings, perceived high levels of corruption can have serious economic repercussions: Bulgaria, Romania, and Czechia are three relatively new members of the EU (the first two since 2007, the third since 2004) that have suffered major funding cuts from the EU since joining precisely because of the latter's concerns about their corruption levels. In addition, both Bulgaria and Romania were blocked in their attempts to join the Schengen zone (an area comprising twenty-six European countries, between which there are no border controls) because some West European

EU member-states—notably Germany and the Netherlands—were concerned that these South-East European countries had excessively porous frontiers with their non-EU neighbours, largely because of high levels of corruption among border guards and customs officers.

A serious economic problem the EU itself has experienced has been partly blamed on corruption. A 2012 TI report entitled *Money, Politics, Power—Corruption Risks in Europe* identified corruption in several EU states (with Greece being seen as a major culprit) as a significant factor in the emergence of the Eurozone crisis that erupted in 2010.

Corruption leads to decreased revenue to the state, as corrupt officials exempt citizens and firms from fines, taxes, etc. in return for bribes. In the EU's first ever anti-corruption report, published in February 2014, it was claimed that corruption costs EU states collectively some 120 billion Euros a year. This was a rather similar amount to the sum (US$150 billion) the African Union estimated in 2002 was lost each year to corruption among its fifty-three member states—though the EU figure, while substantial, did not account for approximately one quarter of the total GDP of the region as the sub-Saharan African one did.

Several states, mostly transition ones, have in recent years introduced flat-rate income and corporate tax systems, often precisely to reduce the risk of lost state revenue. The rationale is that progressive tax systems involve more discretionary decision-making by tax officials, and hence provide more corruption opportunities, than flat-rate systems; both individuals and companies can declare lower income in progressive tax systems than they actually receive, so as to be taxed in a lower tax bracket (i.e. a form of tax evasion). Unfortunately, flat-rate systems are not watertight either, since individuals and firms can still collude with corrupt officials to report less taxable income than they should, thus depriving the state of legitimate revenue.

Corruption can result in reduced economic competition, as corrupt officials favour firms that pay them bribes—for example, to give them unfair preferential treatment in acquiring factories that a state is privatizing, or to secure contracts from the state. Reduced competition typically leads to higher prices and costs, as well as less choice, all of which are detrimental to both consumers and the state itself.

A factor with potentially serious negative economic ramifications for the development and well-being of a country is that social corruption (nepotism, cronyism, etc.) can discourage honest, well-qualified people, who become frustrated at not securing good positions or being promoted. Some simply stop working hard and using their initiative, while others emigrate to a less corrupt and more meritocratic country. Corruption can thus encourage a brain drain, depriving society of the people best suited to run the country and its economy. This phenomenon, sometimes called human capital flight, has been a particularly acute problem for countries such as Iran.

But conventional capital flight is also a corruption-related problem. Shortly after becoming President of Russia for the first time, in July 2000, Vladimir Putin convened a meeting of many of Russia's wealthiest individuals, the so-called oligarchs, at which he informed them that he would not scrutinize the origins of their fortunes as long as they abided by four rules; one was that they repatriate the considerable sums they had sent overseas. While it is a moot point whether or not most oligarchs should be labelled corrupt, the meeting is noteworthy for clearly revealing the senior leadership's concern about capital flight. This has been a problem for many other states in recent years, and corrupt officials at all levels, including the highest, are a major source of the problem.

It is not only the public and the state that can suffer economically from corruption. Corporations that bribe officials to secure contracts are sometimes exposed, with serious negative consequences. In 2013, the Independent Commission Against Corruption (ICAC) in the Australian state of New South Wales (NSW) deemed certain mining licences in the Hunter Valley to have been corruptly acquired. In light of this, the NSW government announced in January 2014 that the licences were being revoked.

Political and legal system

Corruption can negatively affect political systems (e.g. democracies or autocracies) and regimes (the team running the system) in numerous ways. For example, it can unfairly increase the power and influence of individual legislators willing to privilege whoever is prepared to pay them bribes or enhance their prospects in future elections. The latter is seen around the world in the form of pork-barrelling, whereby legislators inappropriately allocate or promise funds to particular constituencies so as to increase voter support.

However, this point about inappropriate favouritism leads us to a particularly grey area in corruption studies, the issue of lobbying. In countries such as the USA, lobbying is legal and formally organized. But some see lobbying as a form of corruption, and have argued that it is essentially a functional equivalent in wealthy states of the more clearly corrupt attempts to influence politicians in poorer countries (see the reference to 'state capture' in Chapter 1). But in deciding whether or not lobbying constitutes a form of corruption, it is necessary to examine the precise nature of specific cases; generalization can be misleading.

Many organizations lobby for causes that most people would consider perfectly legitimate, such as the World Wildlife Fund or other charity organizations, and such lobbying should be distinguished from that relating to more obviously vested interests. Moreover, if the funding of lobbying is of officially registered agencies rather than for paying bribes, and if—and this is an important caveat—the financial details of such agencies are fully transparent, then it would be inappropriate to label this corruption. Lobbying by some types of organization might seem unfair, giving those with sufficient resources better opportunities than are available to the average person to attempt to influence political decision-makers, but it is only another aspect of the political inequality that exists in even the most democratic systems. It is thus as much a problem for theorists of democracy as for analysts of corruption.

Another tricky issue for both theorists and practitioners of democracy is how best to fund political parties—in particular, whether or not this can be done in a corruption-proof way. In 1999, Germany witnessed the emergence of the so-called Kohlgate scandal, in which honorary chair of the Christian Democratic Union (CDU) Helmut Kohl was accused of being involved in the corrupt acceptance and distribution of illicit funds for his party during his term as Chancellor (prime minister) of Germany (1982–98). The CDU was eventually found guilty of corruption, and the President of the lower house of parliament sought to fine the party a total of just under 50 million marks (approximately 25 million Euros). Although this penalty was eventually quashed, German party financing rules were substantially amended—rendered more transparent and less dependent on business contributions—as a direct result of the Kohlgate affair. The particular significance of this case was less the fact that a leading Western politician had been accused of corruption—France's Jacques Chirac and Italy's Silvio Berlusconi have also faced charges of corruption in recent years—but that it happened in a country reputed to have one of the best party financing systems in the world.

Corruption can undermine electoral competition, increasing inequalities between political parties, and reducing party competitiveness. Electoral fraud and impropriety assumes many forms; two of the most common are ballot-rigging and vote-buying (see Figure 3). There have been innumerable alleged and proven cases of both in most parts of the world in recent years. But, as with so many forms of corruption, neither is either a new phenomenon or unique to developing and transition states: an early example of vote-buying is the 1768 'spendthrift election' in Northamptonshire (UK).

Citizen despair can increase the attractiveness to voters of extremist politicians, whether of the left or the right, who promise to eradicate corruption. Empirical research indicates that such extremists generally prove to be ineffectual at reducing corruption if elected; but there is a widespread belief in some countries that they have a magic bullet.

Accusations of corruption by one party or politician can attract counter-accusations. This can result in increased dissatisfaction among voters, with various undesirable outcomes. One is that citizens become cynical, and therefore alienated from the political

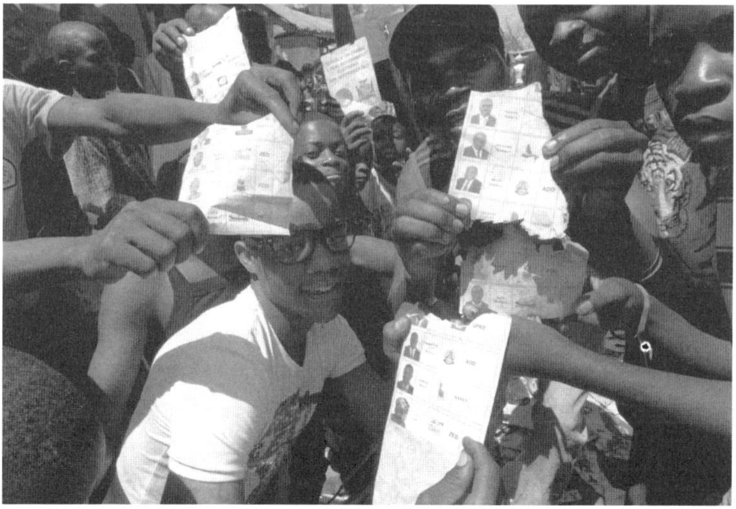

3. Ballot-rigging is still all too common in many countries.

system, albeit in a passive way. Another is that they become incensed, leading to active mass unrest that delegitimizes and destabilizes the system and can lead to the overthrow of the regime, or even the system itself. In his 2012 analysis of corruption, Frank Vogl focuses on the so-called Arab Spring of 2011, and sees public anger at corruption as a major factor in the collapse of the regimes and systems in Egypt and Tunisia.

Thus corruption can undermine system legitimacy—the perceived right of the rulers to rule. Too much corruption and its reporting can result in people losing faith in the market, democracy, and the rule of law. While this tends to be more destabilizing in transition states, the point applies even to developed Western states. In January 2013, the Secretary General of the Council of Europe argued that 'Corruption is the biggest single threat to democracy in Europe today. More and more people on our continent are losing faith in the rule of law.'

If people lose faith in the rule of law in states where it has previously existed, the likelihood of arbitrary abuse of civil liberties and human rights increases. While this problem initially affects ordinary citizens, excessive arbitrariness can be dangerous to political elites too, as their rule is threatened by mass unrest. Like so many other aspects of corruption, this danger is nothing new; in East Asia's traditional concept of the 'mandate of heaven', the people had the right to remove an emperor who was inept, tyrannical, or corrupt.

Security

For a state to exercise its defence, law enforcement, and welfare functions properly it needs adequate funding; if corruption reduces government revenue, this has detrimental effects on the state's overall capacity to protect the populace. There is a strong correlation between weak states and high levels of corruption.

During the 1990s, when security at military bases in many Soviet successor states was frighteningly lax, various Western government reports and academic analyses claimed that corrupt officials in Russia and Ukraine were illegally selling nuclear materials to whoever would pay them. While much of the evidence on this is circumstantial, there is irrefutable proof that corrupt officials in weak states have sold various kinds of weapons to organized crime gangs and terrorists.

But this point can apply to mature democracies too. In March 2014, as a result of an FBI sting operation, a Californian state senator was arrested and charged with colluding with US-based organized crime in trafficking weapons to a rebel group based in the Philippines: the senator's pay-off, according to the FBI, was donations to his political campaign. He was allegedly planning to expand his trafficking operation into Africa, and was indifferent to the harm his trafficking might cause; the case was ongoing at the time of writing.

A final point about mature democracies and arms dealing is that a number of Western corporations have been accused of paying substantial bribes to overseas government officials to secure contracts for the purchase of military equipment; it is not only individuals and gangs that are corruptly involved in this potentially deadly business.

International

Some of the effects of corruption in one country on other countries are irritating rather than a real danger. For instance, car insurance premiums in Germany increased in the 1990s partly because so many cars were being stolen there and smuggled to Central and East European states; this racket often involved gangs bribing customs officials to look the other way while the cars were in transit.

But many international ramifications of corruption are far more serious. For instance, criminal organizations involved in international trafficking—including of drugs, weapons, humans, and human parts—would be far less effective were it not for the fact that they can often bribe customs officers, police officers, and other officials to turn a blind eye to their activities, or to warn them in advance of impending raids (e.g. of illegal brothels in which there are transnationally trafficked persons).

Unfortunately, pragmatism often dominates principle in international relations, and countries that appear to have relatively low levels of corruption may *de facto* tolerate high levels of corruption in a country that has nuclear weapons or commodities (e.g. oil) on which the less corrupt countries are highly dependent. But occasionally, the corruption in another country becomes so intolerable that other countries decide to do something about it. A prime example is the USA's 2012 Magnitsky Act, which was designed to punish (through visa-bans and freezing bank accounts) Russian officials deemed to have played a role in the death of auditor Sergei Magnitsky. The relevance to corruption is that Magnitsky had been investigating fraud among Russian tax officials and police officers, and had then been arrested himself for alleged collusion with an investment advisory company that had reported alleged corruption to the Russian authorities and had in turn been accused by those authorities of tax evasion. Magnitsky's death in custody was highly suspicious. Not unexpectedly, the act soured relations between Moscow and Washington; the Russians soon produced a list of Americans who would not be granted visas, and placed a ban on US families adopting Russian children.

Many readers who prefer a broad definition of corruption will be aware of the allegations made against various international sporting bodies, including the leading soccer organization, FIFA. In early 2014, the most widely reported example related to the bidding process for the 2022 World Cup. Such allegations, whether proven or not, undermine the international legitimacy of such bodies, as well as of the states accused of involvement in corrupt practices.

This chapter has concentrated on the negative effects of corruption. But it would be misleading not to acknowledge that some well-regarded analysts have argued that corruption can sometimes be beneficial. Indeed, some maintain that it can be morally justifiable: a classic situation cited to argue this is of the Nazi prison guard who allows Jewish prisoners to escape in return for a bribe. Exploring the ethics of this scenario involves a long and complex discourse, and is beyond the scope of the present exercise. But the more general point about corruption's possible benefits must be addressed.

In the 1960s, several American and British academics—notably Nathaniel Leff (Columbia University), Joseph Nye and Samuel Huntington (both Harvard professors), and Colin Leys (Sussex University)—argued that we should move away from moralizing approaches towards corruption and instead consider it in rational, functional terms (i.e. the functions it performs). This approach is sometimes called revisionism in corruption studies. They argued—each in his own way and to differing degrees—that developing states could sometimes benefit from corruption, since it could 'grease the cogs' or be a 'tonic' rather than being 'sand in the cogs' or 'toxic'. They maintained that if a state was weak and in various ways dysfunctional, corruption could assist in getting necessary things done.

Some still maintain that corruption is not always a collective bad. For example, Bulgarian analyst Ivan Krastev has argued for a more nuanced approach to corruption relating to investment; favouring domestic investors over foreign ones, perhaps in return for bribes, gives locals a chance to get their foot on the capitalist ladder in post-communist states, where there was previously no bourgeois class.

A second recent example of this viewpoint can be found in a 2007 article by Luigi Manzetti and Carole Wilson, who argued that many citizens will support corrupt politicians if the state is weak and those politicians can deliver what the citizens want. Such an argument can even apply to strong states. Thus a six-country survey conducted by this author 2004–6 on the connections between party financing and corruption suggested that between 14 per cent (Germany) and 35 per cent (France) of voters—with the figure being around 25 per cent in Bulgaria, Italy, Poland, and Russia—would be more likely to vote in a two-person electoral race for a dynamic but corrupt candidate with a reputation for getting things done than for a 'squeaky clean' but ineffectual one.

Such results are interesting and in many ways counter-intuitive, but need to be 'deconstructed'. First, survey respondents may behave differently in a real-life situation—here, an election—than they claim they would in a survey; but determining whether more or fewer would *actually* vote for the corrupt but effective candidate is extremely difficult. Second, respondents were only given an option between two sub-optimal candidates; in the real world, if there were a dynamic but clean candidate, s/he would provide serious competition to the other two. Expressed another way, the respondents who indicated that they would vote for the corrupt candidate were not clearly demonstrating a preference for corrupt officials, merely one for the lesser of two evils. This all said, evidence from India and Italy makes it clear that voters will sometimes elect candidates they know are corrupt.

While there are still revisionists who maintain that corruption can sometimes be beneficial, a subtly alternative approach is that of Robert Klitgaard, who in the late 1980s argued for an 'optimal amount' of corruption. Klitgaard does not condone corruption, but, perhaps reflecting his economist's perspective, argues that the costs of countering corruption should not exceed the economic damage being wrought by that corruption; the point at which corruption is being maximally combated relative to resources is the optimal amount.

Nowadays, there is widespread—though clearly not universal—agreement that even if corruption may in some specific situations be beneficial, this is only ever short term; eventually, the costs of corruption invariably outweigh the benefits. One of the problems with excusing short-term corruption is that a culture of corruption can be established that is extremely difficult to counter further down the track. Rather than excuse corruption altogether, a better approach is to relativize it, along the lines of Heidenheimer's threefold distinction between black, white, and gray corruption (see Chapter 1). This allows for differentiation or nuancing without resorting to outright apologism.

Chapter 3
Can we measure corruption?

In a 1995 article, Moisés Naím referred to a global 'corruption eruption'. But has the scale of corruption really been increasing? Are some countries really more corrupt than others? In order to answer these questions, we need to be able to measure corruption. Unfortunately, this is a particularly difficult task, in part because we cannot agree on what constitutes corruption.

But another significant factor is the difficulty in obtaining information. With most crimes and acts of misconduct, there are victims who can and often do report their experience to the authorities. But citizens who have paid a bribe are unlikely to report the official who demanded or accepted it. One reason is that the citizen has in most cases him- or herself committed a crime in paying the bribe. Another is that the bribe-payer may fear that the permit to build a house or the passport they received in return for the bribe will be revoked or confiscated, so that reporting the corrupt official would be against their interests. Where an official or other responsible person has not engaged in bilateral exchange—for example, if they have been embezzling funds—the 'victim' is often a large and anonymous organization such as the state or a major corporation that will not even be aware of the losses until a proper audit is conducted, which may happen rarely. Sometimes, the 'victim' is even more abstract, such as 'society'. Finally, all of the scenarios just outlined involve a tangible gain to the corrupt person. But if we include social corruption, it should be obvious why measurement—e.g. of the scale of patronage—would be extremely difficult.

Despite these significant problems, if we are to determine whether the levels of corruption in a particular country or agency are increasing or decreasing compared with those of others, and if we are to reduce them and be able to demonstrate that reduction empirically, then we must *attempt* to measure those levels of corruption.

There are four common methods used to measure the scale of corruption—official statistics; perceptual and attitudinal surveys; experiential surveys; and tracking surveys. This chapter examines these, and then briefly considers less common methods.

Official statistics

For many analysts, the starting point for measuring the scale of corruption is official statistics produced by the state. These are principally one of two kinds—legal and economic. Legal statistics typically report on up to five dimensions of corruption:

1. The number of cases reported.
2. The number of cases investigated.
3. The number of prosecutions.
4. The number of convictions.
5. The sentences meted out.

Such data constitute a starting point, but are highly problematic, especially if used to compare countries. Thus, lower figures—relative to population size—on some or all of the first four variables in Country A than in Country B *might* be because there really is less corruption in Country A, or because the reporting and investigating culture is less thorough in Country A. Citizens in Country A might believe there is little point in reporting suspected or known corruption because the authorities are incompetent, indifferent, or themselves corrupt—whereas the citizens in Country B have more trust and confidence in their law enforcement agencies. Another problem is that many countries do not provide comprehensive—or indeed any—figures explicitly on corruption; data are often buried within broader categories such as economic crime or abuse of office, both of which can include phenomena not generally defined as corruption.

Another type of corruption-related statistic sometimes published by government agencies is economic, notably on the average size of a bribe and on corruption's economic impact. But since it is impossible to identify many actual cases of corruption, it follows that such data can only ever be guesstimates; indeed, they are often based on survey data—e.g. asking respondents how much they have paid in bribes in the previous twelve months, and what the average sum was—which are explored over the next few pages, rather than on more solid foundations.

At best, official statistics are a guide to the *minimum* scale of corruption. But since Country A investigates allegations on a more haphazard basis than Country B, knowing the *minimum* amount reveals little, and can be quite misleading. It is all very well to be able to see the tip of the iceberg, but this tells us nothing about the overall size of the iceberg. Given this, most analysts nowadays prefer methods other than official statistics for assessing the scale of corruption.

Perceptual and attitudinal surveys

The most frequently cited source on the scale of corruption across the world is TI's CPI, a perceptual survey. In this type of exercise, what is being measured is people's perceptions of and attitudes towards corruption—whether they believe the authorities are doing enough to contain it, in which agencies it is most prevalent, etc. The CPI has been produced annually since 1995, and has been described by TI as a 'poll of polls' or 'survey of surveys'. TI does not conduct actual surveys itself in producing the CPI; rather, it nowadays collates and standardizes surveys conducted by others—'independent institutions specializing in governance and business climate'—to produce a score and a rank for each country or each territory it has assessed. It will not assess a country or a territory unless it has access to at least three surveys, which explains why the CPI never includes all the countries and territories in the world; in 2012, it produced scores for 176 of the approximately 200 countries and territories that currently exist.

Until 2012, the CPI was scaled 0 (highly corrupt) to 10 (very clean), and produced scores to one decimal place (two in the earliest CPIs). This changed in 2012, so that the CPI is now scaled 0 (highly corrupt) to 100 (very clean). While space limitations mean the full 2012 table cannot be reproduced here, Table 1 provides the scores of the top twenty and bottom twenty countries or territories.

The amended scaling system in 2012 was intended to symbolize other more significant changes to the CPI. One problem with the index, which TI itself has long acknowledged, is that since the sources change somewhat from year to year, it is not strictly appropriate to compare results over time. Given the lack of alternative data, many analysts have nevertheless drawn such comparisons; but honest ones emphasize the unreliability of such an exercise, and seek to reduce the severity of the problem by comparing such data with other sources.

Since the number of countries and territories assessed in the CPI varies from year to year, comparing *ranks* over time can be particularly misleading. If country X is ranked 40th one year, and 80th five years later, the unwary could be forgiven for assuming that the corruption situation there has dramatically deteriorated; but if the total number of countries assessed is 80 in the first year and 160 five years later, the situation in country X might in fact be more or less the same as it had been, since it remains right

Table 1 Select results from the 2012 Corruption Perceptions Index

Country or territory	Rank	Score	Country or territory	Rank	Score
Denmark	1=	90	Angola	157=	22
Finland	1=	90	Cambodia	157=	22
New Zealand	1=	90	Tajikistan	157=	22
Sweden	4	88	Dem. Rep. of the Congo	160=	21
Singapore	5	87	Laos	160=	21
Switzerland	6	86	Libya	160=	21
Australia	7=	85	Equatorial Guinea	163=	20
Norway	7=	85	Zimbabwe	163=	20
Canada	9=	84	Burundi	165=	19
Netherlands	9=	84	Chad	165=	19
Iceland	11	82	Haiti	165=	19
Luxemburg	12	80	Venezuela	165=	19
Germany	13	79	Iraq	169	18
Hong Kong SAR	14	77	Turkmenistan	170=	17
Barbados	15	76	Uzbekistan	170=	17
Belgium	16	75	Myanmar	172	15
Japan	17=	74	Sudan	173	13
United Kingdom	17=	74	Afghanistan	174=	8
United States	19	73	North Korea	174=	8
Chile	20	72	Somalia	174=	8

in the middle of the pack. Hence, for most purposes, citing a country's score is less potentially misleading than citing its rank, certainly if over time comparison is being made. TI has announced that the new CPI methodology means that from 2012, direct comparison between different years will be permissible; however, the point about scores and ranks will continue to pertain until the number of countries and territories analysed is stabilized.

The CPI has been criticized for many other reasons, including that it seeks the perceptions mainly of business people and specialists, not the general public. This is true of many comparative perception surveys, such as the World Bank's BEEPS (Business Environment and Enterprise Performance Survey) and the World Economic Forum's GCR (Global Competitiveness Report). There are numerous surveys of the general public's perceptions of corruption, but most focus on only one country and have their own particular set of questions. Hence, if the primary interest is in comparing countries, such individual country surveys are of limited value.

Experiential surveys

Some maintain that perception surveys do not reflect the 'real' situation. There are two problems with this charge. First, they imply that someone—perhaps the critic—knows what the real situation is. This is nonsense; *nobody* can know the actual extent of corruption in any society, given definitional disagreements and the phenomenon's inherent secrecy. Second, perception is a form of reality anyway. If potential investors in a country decide not to invest there because of high perceived levels of corruption, the perceptions are impacting upon actions, and are thus a form of reality; as is evident from the centuries-old debate between idealist and materialist philosophers, we live in a world of images as well as substance, and there is no single reality.

Nevertheless, it makes sense to attempt to measure corruption levels in as many ways as possible, and critics of perception surveys often advocate the use of experiential surveys instead. In these, respondents are not asked about their perceptions of corruption, but rather their actual experiences of it. A typical question is 'Have you or anyone in your household paid a bribe in the last twelve months?'. When such surveys were first mooted in the 1990s, many specialists were sceptical, assuming that people would never admit to paying bribes. But by now we have abundant evidence to show that, as long as respondents trust surveyors' assurances about confidentiality and anonymity, many will confess to paying bribes.

Partly in response to criticisms of its CPI, TI introduced a new type of survey in 2003 that combines perceptual, attitudinal, and experiential questions in one survey. This is the Global Corruption Barometer (GCB), which has been conducted every 1–2 years since its introduction. This is described on the TI website as a survey of 'people's views and experiences'. Unlike the CPI, the GCB is conducted by TI itself (using survey companies in the countries being researched), and has the distinct advantage over the CPI that it uses a standardized questionnaire. There is also greater consistency in the survey questions than in the CPI, so that there are fewer problems in making over time comparisons. Conversely, the GCB's coverage is less extensive than the CPI's; from surveying a total of just forty-six countries and territories in 2003—and the results for some of these were very incomplete—the GCB has expanded, so that the 2010/11 survey was conducted in 100; this was an impressive number, but still well below the CPI's. Again, reasons of space mean that only a tiny selection of results can be cited here. But Table 2 provides evidence that many citizens *will* report having paid bribes if asked. In compiling the table, it was decided to include only countries and territories from the top and bottom twenty of the CPI that had been assessed for the 2010/11 GCB, since this renders direct comparison of the two sets of findings easier.

Table 2 Select experiential results from the GCB* (%; rank-ordered alphabetically on 2010–11 score)

Country or Territory	2004	2005	2006	2007	2009	2010/11
Denmark	2	1	2	2	1	0
Norway	3	4	2	–**	2	1
United Kingdom	1	1	2	2	3	1
Australia	–	–	–	–	–	2
Finland	3	3	1	2	2	2
Switzerland	2	1	1	1	1	2
Germany	1	2	2	–	–	2
Netherlands	2	0	2	2	1	2
Iceland	3	1	2	1	2	3
New Zealand	–	–	–	–	–	4
Canada	1	1	3	1	2	4
Hong Kong SAR	1	0	6	3	7	5
United States	0	1	2	2	2	5
Japan	1	0	3	1	1	9
Singapore	1	4	1	–	6	9
Luxemburg	2	6	6	6	4	16
Venezuela	9	6	21	12	28	20
Sudan	–	–	–	–	–	21
Iraq	–	–	–	–	44	56
Afghanistan	–	–	–	–	–	62

(continued)

Table 2 Continued

Country or Territory	2004	2005	2006	2007	2009	2010/11
Dem Rep. of the Congo	–	–	–	–	–	62
Burundi	–	–	–	–	–	74
Cambodia	–	–	–	72	47	84

* Responses to the question 'In the past 12 months have you or anyone living in your household paid a bribe in any form?'

** Dashes indicate the country was not assessed in that year

The positions of some countries and territories in the CPI and GCB vary a fair amount, and there are one or two surprises in the 2010–11 results: Luxemburg and Singapore appear to have higher rates of bribery than would be expected, whereas Venezuela and Sudan apparently have much lower rates than their 2012 CPI scores would suggest. Nevertheless, the underlying pattern is the same using both survey methods: citizens in affluent and stable democracies are far less likely to pay bribes than are citizens in impoverished dictatorships or unstable states and territories.

Before leaving the GCB, three points need to be made. First, as with all the data presented so far, the word 'appears' has often been used here in analysing them. It is likely that citizens are more afraid in some countries than in others to acknowledge having paid a bribe, which can distort our interpretation of the corruption situation across countries; most social survey data, not only those relating to corruption, should be treated with caution.

Second, the GCB experiential question can potentially tell us much about petty corruption, but is of little use in considering grand corruption, since most citizens rarely if ever come into contact with high-level officials, such as politicians. This is a significant limitation of most experiential surveys, given that elite corruption is usually far more damaging than petty corruption.

Finally, analyses of the correlation between the CPI and the GCB findings have been conducted on several occasions since the first GCB was published in 2003; it is reassuring that the level of correlation is relatively high.

In addition to the GCB, a number of other surveys examine the corruption experiences of the general public, of which the International Crime Victim Survey (ICVS) is arguably the best known and regarded. Unfortunately, this is not conducted on a regular basis, and the country coverage varies considerably from one survey to the next. Nevertheless, it is worth noting that the correlation between the CPI and the ICVS has also been examined, and proves to be strong; this is encouraging, since it gives the user greater confidence in the reliability of the various perception surveys. Readers interested in the corruption experiences of the business sector should consult both the BEEPS mentioned previously and the International Crime Business Survey (ICBS), though the latter has unfortunately been conducted only once (2000; it did have smaller predecessors in the 1990s).

Another useful 'one-off' at the time of writing was the 2014 Eurobarometer Special Report on Corruption, though this survey is now supposed to be conducted on a regular basis. For the first time in a Eurobarometer survey, members of the EU public were asked for their actual experiences of bribery; while some 12 per cent (0 per cent in the UK!) claimed to know personally someone who takes bribes, only 4 per cent had themselves been asked or expected to pay a bribe. However, this overall average is potentially misleading, since the figure was significantly higher in some countries than in others. Thus 25 per cent of Romanians and 29 per cent of Lithuanians had been asked or expected to pay a bribe; at the other end of the spectrum, and more or less in line with findings using other methods, the proportion was very low (below 1 per cent) in Scandinavia and Finland, Germany, Luxemburg, Portugal, and the UK.

Tracking surveys

An imaginative approach to measuring corruption was introduced by the World Bank in the 1990s; this was the tracking survey, of which there are two main types—the Public Expenditure Tracking Survey (PETS) and the Quantitative Service Delivery Survey (QSDS). These are somewhat technical for an introductory book, but their basic methodology and rationale can be readily explained.

During the 1990s, the World Bank became increasingly concerned that funds it was allocating to developing countries were in many cases not reaching those for whom they were intended. For instance, most of the funding intended by the Bank to help educate Ugandan primary schoolchildren never got to them. The Bank therefore deployed a method for tracking its funds at each administrative level down to the individual primary school, and worked with the Ugandan government from 1996 to implement this. The results were very impressive; the average of 13 cents in the dollar actually reaching primary schools in the period 1991-5 rose to over 80 cents by 2001. This was an example of a PETS.

A good example of a QSDS survey is provided by Bangladesh. The World Bank suspected that much of the funding it was allocating for the provision of healthcare there was being either wasted or used improperly. A tracking system was devised that mainly involved unannounced visits to healthcare facilities in 2002 to determine who was absent. This revealed that some 35 per cent of healthcare workers of various kinds—and more than 40 per cent of doctors—that were being paid in part from the Bank's funds were not actually at work when they were supposed to be, leading the principal researchers in the project to refer to 'Ghost Doctors'. While some health workers had legitimate reasons for being absent, it emerged that many doctors were moonlighting—running a private practice at times when they should have been working for the publicly-funded salary they were drawing. Again, merely conducting the survey led to an improvement in the situation.

A significant advantage of tracking surveys is that they not only measure corruption, in being able to provide 'before and after' statistics, but simultaneously help to reduce it, which is ultimately the most important reason for trying to measure it. Unfortunately, like all corruption measurement techniques, tracking surveys have drawbacks. For example, they can only measure the level of corruption in a specific situation, whether that be sectoral (education, healthcare, etc.) or regional; they are not suitable for gauging the overall scale of corruption in a country. They are also very expensive, in terms of both time and money: indeed, relative to the scope of their coverage, they constitute the most expensive method analysed here. Finally, they only work well if the authorities in the target countries are willing to cooperate with the surveyors. Thus, while the Ugandan government was highly supportive of the World Bank's approach and objectives, the Tanzanian authorities proved to be much less cooperative over several PETS run by various agencies from 1999 to 2004—perhaps being loath to participate in what they saw as external interference—with the result that the PETS conducted there were less successful.

Other methods

In addition to the four principal methods already analysed, researchers can use several others for gauging the extent of corruption in a given context. One is to organize *focus groups*. These usually comprise 8-12 people, typically members of the general public rather than specialists, who are encouraged to discuss a topic for between 45 minutes and two hours. The researcher acts only as a moderator or facilitator, not a participant. Most research projects involve several such groups, and the discussions are usually taped (sometimes just notes are taken). After the focus groups have convened, researchers analyse the discussions to identify the dominant perceptions and attitudes; computer software such as N-Vivo can assist in this.

An advantage of focus group research is that it is cheaper and easier to organize than conducting a large-scale survey. But unlike a mass survey, the results of which would be statistically significant if the sampling were conducted properly and the number of respondents was at least 1,000, focus group research cannot be treated as reflective of the views of the general public; the sample is too small. Moreover, since group participants could report each other to the authorities following the discussions, this method is unsuitable for measuring experiences of corruption.

Although most focus groups are organized on a face-to-face basis, there have recently been moves towards organizing online focus groups; most analysts consider these less satisfactory than the traditional method, however. But another method that *is* mostly run online, via e-mail, is the *Delphi method*. Here, researchers contact specialists—typically between eight and fifty—rather than members of the general public, invite them to respond to a number of questions, and subsequently to rank-order responses. The researchers then produce a final report, which is sent to each of the respondents; this is their incentive to participate in the project.

Delphi surveys have several advantages: they are inexpensive; they involve people who know more about the specific topic than members of the public do; the participants do not all have to be in one place at one time; and they can simultaneously provide detailed information on corruption and specialist advice on how best to reduce it in specific contexts. On the downside, they can take a long time if specialists are busy; securing a reasonable level of consensus can prove difficult; and the results are not statistically significant.

A third method is to conduct interviews. For instance, a study of police corruption might involve interviewing a small number of people from a selection of appropriate agencies: for a small-scale research project, it might make sense to interview six police officers, six investigative journalists, six judges, six members of anti-corruption NGOs, and, in countries where these have been established and publish their findings, six members of a commission established to investigate corruption (e.g. the Knapp and Mollen Commissions in the USA; the Wood and Fitzgerald Commissions in Australia). The similarities and differences between these groups, and even within them, can then be analysed and interpreted.

For most projects, the optimal approach is to use semi-structured interviews. These comprise a list of standard questions to be asked—so that the researcher can directly compare responses across and within groups—but also allow for free discussion following these questions; after all, interviewees often raise issues that are relevant, but of which the researcher had previously been unaware, and having a closed interview (i.e. adhering strictly to a previously prepared questionnaire) usually means the researcher misses valuable 'insider' information and perspectives.

The fourth method has changed significantly as a research tool in recent years; this is content analysis. In the past, when perhaps a ten-year run of one or more newspapers had to be analysed in a limited time, this approach involved careful selection of articles, possibly specific periods, and rigidly adhering to a set format. With the advent of online sources and search engines, it is now relatively inexpensive, quick and easy to see how, for example, the media in a given country or countries have been reporting corruption—frequency of reports, type and level of corruption reported, etc. Reports on corruption produced by investigative commissions are another type of document that can be systematically analysed, and are often an invaluable source of information; a major problem is that they are rare.

While testing this would require another type of research, it is reasonable to infer that the public's perceptions of corruption are influenced by the amount and type of coverage the media have been giving it. Content analysis of the media would not measure corruption per se, though in many countries in which the authorities do not systematically publish official statistics, newspapers sometimes convey pieces of the statistics jigsaw when reporting, for example, a speech by the Interior Minister. But this method can be used to make intelligent assumptions about how and why citizens or businesspeople have the perceptions of corruption they have.

Fifth, researchers can use case statistical analysis. This involves detailed analysis of a large number of actual cases of corruption (often based on reports in the media, court proceedings, and interviews), following which the results are aggregated and compared to identify patterns. This tends to be more useful for studying corruption in a particular sector or region than for generalizing about whole populations, but can reveal much about the salience of different types of corruption within a given group.

A relatively new method is experiments. An increasing number of social scientists are moving away from other methods and towards experiments to test their hypotheses. One reason is that many believe this method provides more convincing causal explanations than most other techniques: did A really *cause* B, or are they simply related in some way that we cannot satisfactorily explain? For instance, we might want to know whether the perception that customs officers in Country A are noticeably more corrupt than their equivalents in Country B is based in fact. To test this, we could try to smuggle something relatively minor (so as to reduce the risk of more than a small fine if discovered), such as twice as many duty-free cigarettes as are formally permitted, into both countries, and count how often customs officers offer to turn a blind eye in return for a small bribe.

The experimental approach is attractive, but can be problematic when applied to a sensitive area such as corruption. For instance, testing the corruption proclivity of traffic police officers by seeing how frequently one can avoid a speeding fine by offering a bribe raises tricky ethical issues. If we really are speeding, this statistically increases the likelihood that our experiment would endanger innocent members of the public. And defenders of civil rights would question whether it is justifiable to place traffic police officers in what could be seen as an entrapment situation. While it is difficult to devise an appropriate solution to the former issue, the latter could be addressed by ensuring that the experiment involved only sting operations (i.e. designed to identify only officers who were already believed to be corrupt) rather than entrapment (i.e. where a person who would not normally break the rules is presented with such a tempting opportunity that they take it); readers are reminded here of the distinction between grass-eating and meat-eating. In other words, the researchers would not *offer* a bribe, thus tempting normally honest officers, but would wait to be asked for one.

The two scenarios just described, with the customs and police officers, both involve experiments in real-life situations, and are therefore called field experiments. But another type of research—laboratory-based experiments—simulates scenarios in a controlled environment. Like field experimentation, this form of research into corruption levels and proclivity is recent, dating from the early 2000s. But pioneering work in this field has already suggested, for example, that while females in developed societies are generally less corruptible than males, the picture is less clear-cut in developing societies.

Readers can imagine the many ethical and practical problems that can arise in different kinds of experiments, both field and laboratory-based. It should also be clear that the results of laboratory-based experimentation, for instance to determine whether citizens in some countries are more tolerant of corruption than in other countries, have to be treated with caution. Not only do we often need to think 'outside the box' in interpreting results, but the generalizability of the findings must also be questioned if the number of people examined is small. Then there is the important question about the relationship between controlled experiments in a laboratory and actual everyday behaviour; some participants in experiments might act quite differently in a real-world situation. These are just some of the reasons why this method, while attractive in principle, is not without its own problems. But the fact that corruption-related experiments have been successfully conducted, and have given us new perspectives and new questions to address, shows that this method has opened up exciting new possibilities; we just need to continue refining our techniques.

A final very different method is the *proxy* approach. This method is favoured by, for instance, Global Integrity, which argues that since we cannot satisfactorily measure the scale of corruption itself, it is better to examine what is being done to combat it. In its (until recently) annual *Global Integrity Report*, Global Integrity examines measures adopted by various agencies (government authorities, NGOs, the media, etc.) in individual countries, as well as the implementation and enforcement of these measures, and then gives countries an overall score. This is an interesting alternative approach, although there is a danger of taking official declarations too much at face value. Nevertheless, it is useful to know how seriously political elites appear to be taking corruption, what they are doing to raise integrity levels—and what they are not doing. Moreover, Global Integrity relies more on the assessments of local specialists than do many other data sources. As of early 2014, Global Integrity was in the process of changing its methodology, so that the most recent full report was for 2011, when more than thirty countries were analysed.

The answer to the question in the title of this chapter should by now be clear: we *can* measure corruption, but only imperfectly. Numerous methods for measuring corruption have been outlined in this chapter; all have something to offer, but none is without problems. Some measure perceptions, others experiences. Some are intended to capture the 'big picture'—the overall level of corruption in a country—while others target specific agencies, sectors, or regions. Some involve asking the general public, while others focus on the business community—which is one reason why results from a given country sometimes look quite different across surveys. Few are useful for measuring social corruption. We therefore need to have a clear idea of what *exactly* we are trying to determine when we say we want to measure corruption. This said, in almost all research projects, the more methods we use—deploying a so-called 'mixed methods' or multi-angulated (i.e. approaching the measurement issue from as many angles as possible) approach—the better. Unfortunately, this is currently rendered more difficult than it should be because of different country coverage, different wording of questions, etc.

Nevertheless, it is clear that affluent and stable democracies generally appear to have the least corruption, while impoverished dictatorships and troubled states have the most. While there are exceptions to this general pattern, they may be the exceptions that prove the rule. The Nordic states almost always emerge as having very low levels of corruption, whichever method we choose.

In concluding, three important points need to be noted. First, there is no substitute for an intelligent and carefully evaluated choice of methodology (i.e. the methods to be used) and sensitive interpretation of the results. Sophisticated computer-based statistical techniques can assist us in our attempts to measure corruption, but are not an alternative to clear and defensible conceptualization.

Second, almost all methods identified here are relatively new in corruption studies. Although there were by the 1980s a small number of business analyses that included assessments of corruption levels in particular countries, such as the International Country Risk Guide, these were neither widely available nor as focused explicitly on corruption as the surveys that emerged in the 1990s and 2000s. The first CPI was published in 1995, the first GCB in 2003, the first tracking survey was conducted in 1996, while the first experimental research results were published in 2000. And the latest version of content analysis has only been possible with the advent of web-based sources. Hence, we cannot be certain that there really has been a recent 'corruption eruption'; we *can* be certain, however, that awareness of the issue has dramatically increased.

Finally, critics of attempts to measure corruption often charge that our techniques are not merely imperfect, but potentially counter-productive. Thus, potential donors might opt not to provide aid to a country because its elites are shown by various methods to be creaming off much of it. Fortunately, two of the world's leading agencies for combating corruption—TI and the World Bank—are now very aware that cutting off aid to highly corrupt countries is likely to hurt those who most need it far more than it hurts the corrupt elites. They have therefore been addressing this problem in concrete yet sensitive ways; tracking surveys are just one of many potential solutions.

We are still at an early stage of empirical research into corruption, and it is not surprising that there remain many teething problems. In particular, we are still weak at measuring grand corruption. But our techniques are constantly being refined, to which the welcome changes to the CPI in 2012 testify. At the end of the day, imperfect but constantly improving measurement is better than no measurement at all, which plays into the hands of the corrupt.

Chapter 4
Psycho-social and cultural explanations

Any serious attempt to explain corruption has to be holistic. People are corrupt for numerous reasons, and even where there is an identifiable primary motivation, this differs from one person or group to the next. It would therefore be naïve to assume there is one underlying general explanation, such as greed or opportunity. Yet we need to identify the various factors that, in combination, explain corruption; otherwise, attempts to control corruption will be futile. In this chapter, the focus is on individuals, their relationship to society, and how cultures might relate to corruption. Factors are isolated here purely for the sake of a clearer narrative; in the real world, they interact, overlap, and combine with each other in complex ways.

This point about interaction explains the choice of theoretical framework for the analysis in this and the next chapter. The approach is based on Anthony Giddens' structuration theory, which holds that we cannot fully explain human activity in terms of either individual freedom of choice and actions (agency) or of everything being determined by the world we inhabit (structure). Rather, people exercise choice and make decisions partly on the basis of their own free will, and partly within the context in which they live. This notion of interactivity underlies the present analysis, albeit usually implicitly.

Psycho-social factors

Before analysing psycho-social explanations, we need to understand what the term means. The first part refers to the individual: psychology—the study of the mind—focuses on how and why individuals think and behave in the ways they do. Conversely, sociology focuses on the ways societies are structured and operate. So a psycho-social approach combines these two: it examines individuals and their interaction with the social context.

Although psychology focuses on the individual, metaphysical poet John Donne's well-known maxim that 'no man is an island' is very apt when considering what might be seen as purely personal factors. Thus if we start our examination by identifying 'greed' as an explanatory factor, it should be obvious that even this cannot be completely detached from its social context. Wanting 'more' relates to a particular society's norms; many items considered absolute basics in an affluent society, such as a refrigerator or a computer, would be considered luxuries in an impoverished one.

Our second factor also relates to the individual's place in society; this is the need for the respect or recognition of others. In his book *The End of History and the Last Man,* Francis Fukuyama referred to our basic need for *thymos*—an idea he adapted from Hegel—which is an ancient Greek word referring to the human desire for recognition. Similarly, singer Phil Collins refers in 'Both Sides of the Story' to the street kid who carries a gun because, without it, no-one respects him. If corruption (e.g. accepting bribes) means increased spending power and the social cachet that accompanies this, or gives an individual a feeling of power over others (e.g. through exercising patronage), then it can be interpreted partly in terms of *thymos.*

Related to the previous point is that some individuals become corrupt because of their own ambitiousness. If upward mobility channels appear to be blocked, corruption—such as paying a bribe to enter university, which then becomes a 'learned' response to obstacles once one reaches a position of authority—can assist ambitious individuals to circumvent the roadblocks.

In seeking to explain why some people become involved in organized crime, James Finckenauer and Elin Waring coined the term 'sucker mentality', meaning in part that if a person is treated by the dominant value system as an outsider, then he or she would be foolish to live by the system's values. A similar argument can be made about corruption. If a member of a minority ethnic group that was discriminated against by the majority group were to reach a position of authority and not take personal advantage of this, they could be seen as a loser or 'sucker'. A variation on this is that some become corrupt to counter boredom and routine in their lives—tolerance of which would be another dimension of a 'sucker mentality'—and experience the thrill of rule-breaking.

Another theory of criminality that can contribute to a better understanding of corruption is opportunity theory. As its name implies, this approach maintains that people will often take advantage of opportunities that arise—for instance, being 'in the right place at the right time'. This theory can be linked to rational choice theory, which for the purposes of the present discussion can best be understood in terms of cost–benefit analysis. If there is little likelihood of being caught, and a high probability of receiving only a light sentence anyway if discovered and convicted, then the potentially high returns of corruption would lead an (amoral) interest-maximizing individual to engage in it.

In one way or another, all of the factors so far elaborated are positive stimuli to the individual. But there are also negative stimuli. One is a sense of insecurity. This is sometimes purely psychological, a function of an individual's own personality, and might relate to insecurity experienced during childhood. But another relates to the individual's current situation in society. If there is growing unemployment, or the government has just announced its intention to substantially reduce the number of public servants, some officials will seek to take advantage of their office not because of ambition or egotism, but to accumulate funds while they can. This can be called the 'squirrel's nuts' syndrome.

The previous point segues nicely into the next, namely the question of need. In many weak states—for instance, those undergoing transition after a revolution or in a post-conflict situation—officials are not paid in full, or are paid late, or, in extreme cases, are not paid at all. In such circumstances, engaging in corrupt acts is, at least initially, a survival mechanism.

A third negative stimulus is pressure from others, either peers or superiors at work, or perhaps a partner. Regarding the former, research on police corruption demonstrates that officers who join corrupt units are often pressured in various ways into participating in the unit's corrupt activities; if they refuse, they can be ostracized or threatened with reprisals, including violence. But if they then do not blow the whistle on their colleagues' corruption, they are complicit, and in this sense themselves corrupt. However, this form of corruption is ultimately based on fear, not a desire for more power or material wealth.

Fear can also explain why some officers do not report organized crime activity of which they are aware. Crime gangs sometimes threaten to harm the children or partners of police officers if the latter report their activities. In such cases, police officers are still being corrupt, since they are abusing their office for private reasons (i.e. putting family before duty to the state and society). However, in this type of case, if the officer's inaction is discovered and s/he is prosecuted, judges or the officer's superiors should treat them leniently, since this constitutes an example of either white or grey corruption.

Another type of misconduct also relates to fear, but would generally be perceived as either grey or black corruption. This is where a person in a responsible position abuses their office because of blackmail, often based on a form of entrapment.

Another criminological theory that can help us better understand the 'why' of corruption is labelling theory. In its original format, it is particularly associated with Howard Becker; a later theory, John Braithwaite's 'shaming' approach, is closely related to it. This basically contends that once a state or society labels someone a criminal (or shamed them), they are likely to remain one unless steps are taken to redress this. The argument is that it is better not to treat a first-time offender, at least for less serious misconduct, as a criminal if crime rates are not to increase; reintegration is better than alienation. This argument can be modified and applied in the corruption context. For example, if the media continually claim that customs officers are more corrupt than they actually are, then some officers who previously did not engage in corrupt acts may begin to, on the grounds that 'they don't trust us anyway, so to hell with them!'. The perception that one is not trusted can be a strong impetus to rule-breaking.

The focus so far has been on factors that might explain why individuals become corrupt. But a final theory we can borrow from mainstream theories of crime addresses the question of why more people do *not* engage in anti-social activity. After all, if rational choice theory is correct, then surely there should be *more* corruption until disincentives clearly outweigh incentives.

In a 1969 book, Travis Hirschi developed 'control theory', which, in this original version, holds that the strength of ties to one's group constitutes an important explicator of behaviour. Assuming the group is basically law-abiding (in a broad sense), then close bonds between the individual and the group act as a control on the individual. Conversely, weak ties mean that the individual is more likely to pursue his or her own interests, without consideration for the impact of this on others. In a later analysis, Hirschi joined forces with Michael Gottfredson to develop what they boldly claimed was a general theory of crime. This also focuses on control, but this time more on the individual's self-control. But since they argue that the individual's self-control is partly the result of socialization processes, it is clear that their approach fits well with the interactive structuration approach advocated here. It should also be evident that control theory helps to explain why more people in authority do not take improper advantage of their positions.

Before leaving psycho-social explanations, one that is almost certainly relevant but essentially impossible to prove is the concept of innate morality. According to many philosophies and religions, we are all born with an inbuilt sense of right and wrong, and social contexts will determine the extent to which we pursue one or the other.

Cultural explanations

Why is it that countries in North-Western Europe appear to have much lower levels of corruption than those in South-Eastern Europe, or that most European countries appear to have lower levels of corruption than most in Latin America or Africa? Within Latin America, why do Barbados, Chile, and Uruguay appear to have less corruption than other countries in the region, and why is Botswana the star performer—being perceived as the least corrupt—among sub-Saharan African states? Some analysts have sought to explain this in terms of cultural differences. It will be recalled that culture in this context refers to the dominant values, attitudes, and behaviour in a society. These may relate to the impact of religious and philosophical traditions, how much trust there is, whether or not a country has ever been colonized, and whether or not it has recently been a dictatorship.

Starting with religious and philosophical traditions, there are discernible correlations between the levels of perceived corruption as measured by the CPI (see Chapter 3) and dominant religion. Thus Protestant countries tend to be perceived as less corrupt than Catholic countries, which are seen as less corrupt than Orthodox countries.

There are some interesting and imaginative suggestions as to why Protestant countries tend to be less corrupt than Catholic ones, ranging from historically based theories—Protestantism arose as a reaction to the corruption of the Catholic Church, and this abhorrence of corruption has filtered down the centuries—to the fact that Catholics can offload their sins via the Confessional, whereas Protestants have to accept personal responsibility for theirs. Another explanation proffered by analysts such as Ronald Inglehart is that more hierarchical systems tend to be more corrupt, and Catholicism is more hierarchical than Protestantism.

But correlations can be spurious, and the patterns may well be misleading. For example, the GDP per capita income, the level of democracy, levels of trust, and the overall quality of governance are all at least as strongly correlated with perceived (and experienced petty) corruption levels as the religious or philosophical cultural variable. Certainly, countries with relatively small populations dominate the 'least corrupt' category of the CPI, suggesting that size of country is somehow connected with the culture of corruption. Yet there are also small countries in the most corrupt category—forcing us to re-think, or at least refine, this assumption.

One scholar who has tested the hypothesis that religious traditions help to explain, or at least are closely correlated with, differing perceived corruption rates is Daniel Treisman. In an excellent analysis of the causes of corruption, he finds that while Protestantism correlates well with lower levels of corruption, no strong correlation is discernible in the case of other religious traditions.

A second cultural value often mentioned in the literature is attitudes towards the family and the state. According to this argument, in cultures in which loyalty to one's relatives (familism) and friends generally takes precedence over loyalty to the state, certain forms of corruption, particularly social ones, are more prevalent than in less family-oriented cultures. As with so many aspects of social research, how one defines and measures the degree of familism will affect the results of a research project. Certainly, countries in which the extended family is a more salient feature than in more individualistic cultures do generally appear to have higher corruption rates, so that this factor could be part of the explanation for the differences between North-Western and South-Eastern Europe (and of the differences between Protestantism and Catholicism noted earlier). But care must be exercised here, since most measurement techniques focus on economic rather than social corruption. While there might be a correlation between high levels of economic and social corruption, this has to be investigated empirically.

Dominant attitudes towards the family, the state, and authority relate to a state's legitimacy. Where the general public basically trusts the state and accords a regime a high level of legitimacy, there is likely to be less corruption. It should be fairly obvious that this is a chicken-and-egg issue, however; citizens will trust the authorities more if most of their officers are considered honest. Eric Uslaner has demonstrated that it is not only the level of trust in the authorities that correlates with perceived corruption levels, however; how much we trust others, particularly people we do not know, is also a factor. Basically, low levels of social trust correlate with higher levels of corruption.

Our fifth variable focuses on the impact of the past on present attitudes and behaviour. Some argue that former colonies are more prone to corruption. The argument has several strands. Leigh Gardner maintains that since colonial administrations generally lacked the capacity to collect taxes themselves, they relied on local tax collectors, who often took bribes from members of the local population instead of collecting the appropriate taxes; by the time the colonial power withdrew from the colony, this practice had become well-entrenched, and continued into the post-colonial era. Another perspective on the impact of colonialism is that, since the state authorities were for long seen by the local population as externally imposed and hence illegitimate, both citizens and some local officials had no qualms about cheating the state; again, this attitude often carries over into the post-colonial setting.

While the impact of colonialism may often help to explain corruption levels, there are limits to its persuasiveness. At the very least, the argument needs refining. For example, there is evidence that former British colonies are in general—notable exceptions include Nigeria and Pakistan—less corrupt than former French or Portuguese ones, perhaps indicating that the level of legitimacy during the colonial era varied. Another point is that certain powers often seen as imperialist, such as Russia within the USSR, were themselves perceived to be highly corrupt, so that many in an alleged colony—such as Estonia—eschewed corruption so as not to appear to be 'stooping' to the colonizing power's level.

One legacy many imperial powers left former colonies is the legal system. These are often classified in a simple binary way as common law and civil law systems. The former, based on legal precedent, is typical of Anglophone countries, whereas the latter, based on a written code, is dominant in continental Europe. It has been suggested that there is typically less corruption in countries with a common law system than in those with civil law systems. This is because the judiciary in the former tends to be more independent of the political elite, rendering them less prone to engage in social corruption such as patronage. It is also because the judicial system is less transparent in civil law systems, partly because the role of the general public—which can act as a control on potentially corruptible judges—is reduced, given the rarity of trial by jury.

On the other hand, precisely because it is usually more independent of the political elites, the judiciary in a common law system may find it easier to get away with accepting bribes from the private sector. Yale University's Susan Rose-Ackerman therefore wisely argues that either system can promote corruption; whether this becomes a salient feature of the judiciary or not depends less on institutional arrangements than on the values and attitudes of the judges themselves (the judicial culture—see Figure 4). This in turn usually relates to the general culture of the country they inhabit—the dominant attitudes in society towards corrupt behaviour.

This reference to judicial culture leads to the broader issue of the dominant attitudes in society towards the law—whether or not there is a rule of law culture. By now there is ample evidence that a well-developed rule of law culture correlates closely with low levels of corruption. Conversely, high levels of arbitrariness by the authorities correlate strongly with high levels of corruption.

Arbitrary behaviour by the state is far more typical of authoritarian states than of democratic ones. Just as past experience as a colony may have some influence on attitudes towards, and hence the scale of, corruption in a given society, so too can past experience under an authoritarian or totalitarian system leave a legacy that impacts upon contemporary values. For instance, people were encouraged with various coping mechanisms, in part because of the shortages of consumer goods. Bribes could ensure access to goods in short supply. But another common practice was *blat,* which was briefly considered in Chapter 1. According to Alena Ledeneva's classic analysis of this, *blat* is:

> the use of personal networks and informal contacts to obtain goods and services in short supply and to find a way around formal procedures. The word is virtually impossible to translate directly

4. **Judicial corruption is nothing new.**

into English.

Another reason why citizens in the USSR and other similar societies developed sophisticated ways of circumventing the system was that it was such a closed one. In line with Lenin's view of Communist parties as comprising the politically most aware (the 'vanguard' of society), they were in theory highly selective in their admissions; yet securing advancement in the system almost always necessitated joining the Party. Hence, many people were prepared to cultivate overly cosy ties to others they believed could help their careers.

Many contemporary states that were or still are authoritarian also share features conducive to the development of a culture of corruption. Most are former colonies, and the impact of the colonial legacy has already been considered. But in addition, the very fact of an authoritarian system, in which elites typically set a bad example by creaming off a country's wealth and stashing it in opaque offshore bank accounts, while denying citizens the right to investigate and openly criticize such practices, reduces the populace's trust in the system and hence that system's legitimacy. Citizens and officials thus feel less compunction about breaking the system's rules and taking advantage of that system when the opportunity arises.

One of the more imaginative examples of empirical research into corruption conducted in recent years endorses the notion that officials from some countries are much more corrupt than their counterparts elsewhere. Raymond Fisman and Edward Miguel examined illegal parking by diplomats in New York City between 1997 and 2005, and concluded that 'There is a strong correlation between illegal parking and existing measures of home country corruption. Even when stationed thousands of miles away, diplomats behave in a manner highly reminiscent of officials in the home country.' This certainly constitutes a cultural interpretation of corruption.

Social construction of corruption

Any comprehensive analysis of the culture of corruption in a given context (country or region) needs to consider how the issue of corruption is framed or constructed. Analysts such as András Sajó maintain that the 'problem' of corruption in many transition (and, implicitly, developing) states is exaggerated by hypocritical Western states because of the latters' own vested interests. While it cannot be denied that there is plenty of corruption in developed states, Sajó is probably going too far by suggesting that citizens in transition countries are not as concerned about corruption as Western critics claim; survey results indicate that he is exaggerating the extent of public indifference to corruption.

But there is another aspect of the social construction of corruption that deserves a mention. Some commentators have justifiably highlighted the fact that corrupt officials tend to be treated much more leniently than 'regular' criminals, and have related this to the types of labels we attach to different crimes. Thus organized crime is generally seen as typical of the 'underworld', whereas white-collar crime in a broad sense, including many forms of corruption, is treated as 'upperworld' crime. In fact, a burglar may take money from—and traumatize—a handful of people, whereas a corrupt official (or executive, if we use the broad definition of corruption) may have a serious negative impact on hundreds, thousands, or in rare cases even millions of people, so that the respective punishments may be quite inappropriate, relative to the impact of the crime. Here, dominant attitudes in society—culture—that treat upperworld crime as somehow less serious than underworld crime can help to explain why penalties for the former are typically less severe than for the latter; lighter punishments mean fewer disincentives for officials to break the rules.

It has been shown that numerous attributes of both individuals and cultures can help us to understand differing rates and types of corruption across countries. But we must be wary not to push these explanations too far; countries with similar religious traditions can have very different levels of corruption, for example, while many young people have traumatizing experiences but do not engage in criminal or other forms of serious anti-social behaviour as adults.

A final point is that we must also be wary about too readily accepting the claims of elites—or even academics—that what outsiders criticize as 'corruption' is simply part of a given country's culture, and that it is inappropriate for others to condemn 'traditional practices'. Malaysian sociologist and author of several books on corruption Syed Hussein Alatas, for example, criticized Westerners who argued that corruption in developing countries was more tolerable than in developed countries because it was simply part of their culture. For

Alatas, such a stance was condescending, and he called for universal condemnation of corruption.

Chapter 5
System-related explanations

Explanations of corruption that focus just on the individual are incomplete; we are all subject to and conditioned by the context in which we live and work. Since culture has already been considered, structural or system-related factors are the focus of this chapter; for the sake of analytical clarity, these are separated into economic and political.

Economic factors

In recent years, several aspects of economic systems and policies have been identified as correlating with corruption levels. One of the most popular focuses on the extent to which the state is involved in the economy. This argument has been advanced by, among others, Vito Tanzi of the IMF. Expressed crudely, the claim is that the more a government is involved in the economy, the more corruption there will be. Intuitively, such an argument seems plausible; after all, greater state involvement in the economy usually means a larger bureaucracy, as well as higher levels of interaction between state officials and businesspeople, both of which are conducive to corruption. More state interference often means more opportunities for officials to 'rent-seek'—here meaning that they can secure additional, improper income by selling decisions favourable to an individual or firm prepared to pay for them.

Yet research by John Gerring and Strom Thacker reveals that there is no clear correlation between, on the one hand, the size of the state apparatus or how much the state interferes in the economy in terms of business licensing and demanding compliance by businesses and, on the other hand, corruption levels. The World Economic Forum produces an annual report on the global competitiveness of economies (Global Competitiveness Report; GCR), based partly on how many permits and other forms of state-initiated paperwork are required to start and run a business. The rankings of the top and bottom ten countries in the 2012 CPI can be compared with their rankings in the 2012/13 GCR's 'Burden of government index' to demonstrate this (the question was 'How burdensome is it for businesses in your country to comply with governmental administrative requirements [e.g. permits, regulations, reporting—the lower the rank, the less burdensome]?').

Table 3 demonstrates that the level of corruption is not strongly correlated with the amount of government interference in the economy, with apparently highly corrupt countries such as Tajikistan and Cambodia being less bureaucratic than Denmark, Norway, and Canada—while the former two, plus Chad, Kyrgyzstan, and Libya, were all assessed as less bureaucratic in 2012 than Australia, which has very high compliance requirements.

However, the GCR's overall Global Competitiveness Index (GCI), which includes far more variables than the 'Burden of government regulation', suggests a closer correlation. While New Zealand and to a lesser extent Australia are outliers in Table 4, the variation between the perceived level of corruption and the overall level of economic competitiveness is much less than the variation in Table 3.

Another economic variable to consider is *privatization*. Privatization of an economy that has been largely state-owned creates considerable opportunities for corruption, as some businesspeople offer bribes or kickbacks to gain unfair advantage

Table 3 Perceived corruption levels compared with the level of government regulation

Country	CPI Rank 2012	GCR Burden of Gov't Regulation Rank 2012/13	Country	CPI Rank 2012	GCR Burden of Gov't Regulation Rank 2012/13
Denmark	1=	69	Kyrgyzstan	(135)	92
Finland	1=	6	Yemen	(136)	119
New Zealand	1=	14	Cambodia	(137=)	42
Sweden	4	31	Tajikistan	(137=)	22
Singapore	5	1	Libya	(139)	61
Switzerland	6	16	Zimbabwe	(140)	107
Australia	7=	96	Burundi	(141=)	121
Norway	7=	64	Chad	(141=)	95
Canada	9=	60	Haiti	(141=)	115
Netherlands	9=	34	Venezuela	(141=)	143

Note: The number of countries and territories analysed in the GCR and the CPI differs (144 and 176 respectively for 2012). To render the two rankings comparable, those countries and territories in the CPI not included in the GCR have been removed, and the remaining countries and territories re-ranked out of 144. In short, the bottom ten CPI countries in Table 3 are the lowest-ranked that also appear in the GCR, which explains why the 'bottom ten' CPI states in Table 3 are not the same as the bottom ten in Table 1; brackets are used in Table 3 to highlight this.

over others in the tendering process. This was a major explanatory factor of high corruption levels in post-communist transition states in the 1990s. But privatization has also been a key feature of the neo-liberal (or Washington Consensus) approach to economic management that has swept the globe since the late-1970s, and there have been allegations of major corruption scandals relating to privatization even in countries such as Germany (albeit in that case relating to privatization of post-communist eastern Germany).

Table 4 Perceived corruption levels compared with the overall level of economic competitiveness

Country	CPI Rank 2012	GCI Rank 2012/13	Country	CPI Rank 2012*	GCI Rank 2012/13
Denmark	1=	12	Kyrgyzstan	(135)	127
Finland	1=	3	Yemen	(136)	140
New Zealand	1=	23	Cambodia	(137=)	85
Sweden	4	4	Tajikistan	(137=)	100
Singapore	5	2	Libya	(139)	113
Switzerland	6	1	Zimbabwe	(140)	132
Australia	7=	20	Burundi	(141=)	144
Norway	7=	15	Chad	(141=)	139
Canada	9=	14	Haiti	(141=)	142
Netherlands	9=	5	Venezuela	(141=)	126

* See note to Table 3 for explanation of the use of parentheses here.

However, there can be a silver lining to the corruption problem that so often arises as states sell off assets to the private sector. This is that the privatization process usually has an end-point, or at least becomes less salient a feature of economic policy, as a government decides it has privatized most or all of the enterprises it considers appropriate. On the other hand, another key feature of neo-liberal approaches to economic management is that governments should *outsource* tasks and services for which they had previously assumed direct responsibility. Typically, outsourcing involves calls for tenders from private companies, and hence creates new opportunities for corruption. Moreover, unlike the situation with privatization, outsourcing creates ongoing opportunities for corruption. For instance, a city might decide to outsource the public transport system; but to ensure that the private companies running the system do not become complacent, the city insists on a new tendering process every five years—creating opportunities for corruption each time the contract is renegotiated. The connection between corruption, privatization, and outsourcing has been seen as a major factor explaining increased corruption in the UK during the 1990s; David Hall argued that 'Public sector contracts and concessions are the single greatest source of corruption in the UK which has been fuelled by government privatization initiatives.'

Advocates of neo-liberalism emphasize what they claim is the superiority of free markets over mixed economies (those in which there is a division of labour and ownership between the state and the private sector), and in doing so contribute in various ways to corruption. For instance, neo-liberalism's encouragement of privatization and outsourcing results in the dismissal of many state officials, however loyal, hard-working, and long-serving they may be. This focus on 'downsizing', a term now largely replaced by the less negative sounding 'right-sizing', often results in a heightened sense of insecurity and a marked decline in loyalty to their employer among officials, both of which are highly conducive to increases in corruption; they can result in the 'squirrel's nuts' syndrome mentioned in Chapter 4. One other aspect of neo-liberalism that can encourage corruption is the focus on ends rather than means; achieving ambitious targets often takes precedence over due process.

Neo-liberalism's focus on maximizing the freedom of the market is closely related to the economic approach of globalization, which also seeks to minimize the role of states in the economy and to maximize the freedom of markets, especially in the area of international trade. Writers such as Japan's Kenichi Ohmae have referred in this context to a 'borderless world'. But this term can be misleading: although globalization has reduced the barriers to international trade and made the movement of *capital* around the world ever freer, it has not clearly made the movement of *people* easier. While there are examples of the movement of people becoming freer—notably Europe's Schengen zone, in which people can travel from country to country without needing to show a passport—in other ways it has become more difficult for people to cross borders, especially if they want to settle in a new country. Thus, despite greater freedom of movement *within* the Schengen zone, it has become more difficult to enter it, leading some observers to refer to 'Fortress Europe'. This development encourages corruption, as desperate citizens of impoverished or conflict-ridden countries seek a better life by paying people-smugglers, who in turn bribe customs and border officials to turn a blind eye as their 'cargoes' cross state frontiers.

An oft-cited formula in corruption analyses is Robert Klitgaard's equation, $C = M + D - A$, where C stands for corruption, M for monopoly, D for discretion, and A for accountability. According to this approach, the more discretionary powers officials have, the more corruption there will be—unless those officials are highly accountable. One area in which this often pertains is taxation. If there is a progressive tax system (i.e. higher tax rates for higher incomes or profits), then some individuals and businesses will offer bribes to tax officials to confirm that income or profits were less than they actually were. A study by the Policy Group in India in the mid-1980s estimated that more than 75 per cent of government tax auditors took bribes, while some 68 per cent of taxpayers using Certified Tax Accountants to lodge their tax returns had paid bribes.

Unfortunately, the assumption that a flat-rate system significantly reduces such opportunities must be questioned. While such a system means that tax officers cannot corruptly agree to confirm lower income or profit to keep an individual or company out of a higher tax bracket, they can still be bribed to confirm lower taxable income than was actually made, thus assisting tax evasion.

An economic variable correlating highly with corruption levels is the overall wealth of a country, as measured by the GDP per capita. Numerous sophisticated economic analyses demonstrate this correlation; for our purposes, the most important finding is that, with few exceptions, the poorer a country, the higher the level of corruption. A simple way of demonstrating this is to compare the GDP per capita of the top and bottom twelve countries of the CPI (see Table 5—this time reverting to the full listing of the CPI, so that the bottom twelve are as in Table 1).

Table 5 Perceived corruption levels compared with GDP per capita

Country	CPI Rank 2012	2011 GDP per capita (US$)*	Country	CPI Rank 2012	2011 GDP per capita (US$)*
Denmark	1=	59898	Burundi	165=	247
Finland	1=	48678	Chad	165=	1006
New Zealand	1=	36919	Haiti	165=	732
Sweden	4	56755	Venezuela	165=	10728
Singapore	5	51242	Iraq	169	6019
Switzerland	6	83087	Turkmenistan	170=	5725
Australia	7=	62081	Uzbekistan	170=	1545
Norway	7=	99173	Myanmar	172	*no data*
Canada	9=	50578	Sudan	173	1538
Netherlands	9=	49886	Afghanistan	174=	614
Iceland	11	44031	North Korea	174=	*no data*
Luxemburg	12	111913	Somalia	174=	*no data*

* World Bank figures

While the correlations in Table 5 are weaker than some considered in this chapter, Table 5 nevertheless demonstrates clearly that higher levels of corruption are related to lower standards of living as measured by GDP per capita. Thus, while the lowest per capita income in the top ten (least corrupt) countries was in New Zealand, its figure was still almost three and a half times higher than the best performer in the CPI's bottom ten (Venezuela), which itself was much higher than that of the next two wealthiest countries in the bottom ten, Iraq and Turkmenistan.

In Figure 5, the close correlation between perceived corruption levels (2012) and GDP (2011) is clear; each of the 22 points represents one of the following: what are perceived to be the eight least and eight most corrupt states, and the six states right in the middle of the CPI rankings (position 88).

But what if a high average GDP per capita is very unevenly distributed? Does this affect the GDP/corruption correlation? A useful analysis is that by You Jong-sung and Sanjeev Khagram published in 2005; in a sophisticated study of 129 countries, they

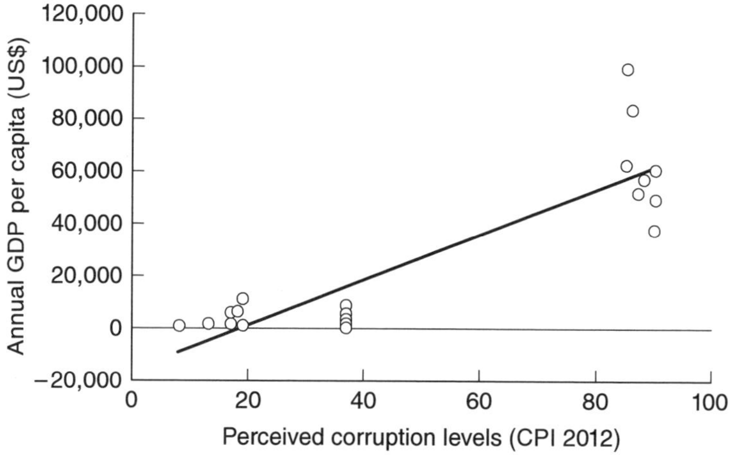

5. Perceived corruption levels compared with GDP per capita graph.

demonstrate that higher income inequality usually means a higher level of corruption.

Let us now consider the relationship between corruption and international economic factors. It is often posited that countries that adopt protectionist measures in foreign trade—prioritizing domestic suppliers over foreign ones, for instance through imposing import levies—are more corrupt than more open economies. Pushan Dutt has tested this empirically, and concludes that countries with protectionist systems do have higher levels of corruption among state bureaucrats than countries that encourage more liberal trade. His research is rigorous and persuasive. But we should not overlook the fact that the scale of corruption can refer also to the average size of bribes, not simply to how many officials accept bribes. Thus, more liberal trade policies mean that foreign companies that are much larger and wealthier than domestic companies in a developing or transition country can offer much bigger bribes than can the locals. Some bribes offered by corporations to secure overseas contracts are considerable. In 2010 Swiss freight forwarder Panalpina admitted in a US court to having paid US$49 million in bribes in seven countries in the period 2002–7. One of the companies it had assisted in this way was the oil giant Royal Dutch Shell, which confessed to having paid US$2 million to Nigerian subcontractors to circumvent 'export formalities'.

Transition and developing states often seek and secure financial aid and loans from wealthier states, and from international organizations such as the IMF and the World Bank. Unfortunately, and all too often, much of the aid and loans finishes up in the offshore bank accounts of those states' elites. In short, what is intended to be a benefit for an impoverished population often proves to be yet another—very profitable—source of corrupt opportunities for elites. According to Transparency International's *Global Corruption Report 2004*, among those countries that have suffered the biggest losses because their leaders were creaming off these and other funds are Indonesia

(Suharto), the Philippines (Marcos), Zaire (Mobuto), Nigeria (Abacha), and Haiti (Duvalier).

Political factors

The claim often made that the larger the state apparatus, the more corruption there will be, has been questioned by some, who cite Sweden as a good example of a country with a large state apparatus and apparently low levels of corruption. But this might be merely an exception to the rule. A more persuasive argument has been made in a 2012 article by Go Kotera, Keisuke Okada, and Sovannroeun Samreth. Based on an analysis of eighty-two countries, they conclude that the relationship between corruption and government size is complex, and a third variable has to be included, namely the level of democracy. It seems that an increase in the size of government often results in reduced corruption in a robust democracy, but will increase corruption levels in a country with little or no democracy.

It was demonstrated in Chapter 3 that, according to our imperfect measurement techniques, stable established democracies appear to be less corrupt than dictatorships or unstable systems. It is certainly the case that, while many citizens in the latter types of system have had direct experience of paying bribes—first and foremost to police officers, healthcare workers and educationists—most Westerners encounter such petty corruption much less often. If we return to our list of countries perceived to be most and least corrupt, and compare these ranks with the type of political system (as assessed in the *Economist Democracy Index* (EDI) *2012/13*), this pattern emerges clearly (Table 6).

Among the countries perceived to be least corrupt, Singapore is the only real outlier; otherwise, the pattern is clear—all of the most corrupt states that appear in both the CPI and the EDI are either hybrid (semi-authoritarian) or authoritarian, with the bottom six all being authoritarian.

However, Table 6 may be a little misleading. Thus, there has been no shortage of *high-level* (elite) corruption cases in the established democracies in recent years. A key feature of many of the West's high-profile cases of corruption since the 1990s is that they relate to the funding of political parties. Individual leaders and other politicians in mature democracies appear more likely to engage in corrupt practices designed to help their party than to fill their personal coffers (although, of course, helping their party to win an election can ultimately benefit them personally); this point pertains to both the Helmut Kohl and Jacques Chirac cases, for instance. While such party-related corruption also sometimes applies in developing and transitional states, there are far more alleged and proven cases in these than in developed states of elite corruption for personal enrichment.

Even here, however, the distinctions drawn are often too stark. As noted in Chapter 2, one of the most difficult aspects of corruption analysis is deciding whether or not to include political lobbying. Both sides of this debate have merit, and we shall here sidestep this difficult issue in cases where lobbying is transparent. But much lobbying is opaque, and can overlap with 'state capture'. According to Joel Hellman and Daniel Kaufmann, this was hampering the political and economic reform processes in many post-communist transition states. Their argument has been challenged, for example by analysts who maintain that it is too tidy—that rather than unethical businesspeople buying off legislators and public (civil) servants, they often become part of the political elite themselves. In a sense, both positions are correct and incorrect; the situation varies, and what is true of one country is not true of another. What is clear, however, is that the phenomenon is by no means confined to transition or developing states.

Thus legislators sometimes sell their votes in parliaments in developed states too. In the UK, there have been numerous

Table 6 Perceived corruption levels compared with levels of democracy

Country	CPI Rank 2012	EDI Rank 2012/13	EDI Classification 2012/13	Country	CPI Rank 2012	EDI Rank 2012/13	EDI Classification 2012/13
Denmark	1=	4	FD	Burundi	(157=)	125	A
Finland	1=	9	FD	Chad	(157=)	165	A
New Zealand	1=	5	FD	Haiti	(157=)	116	H
Sweden	4	2	FD	Venezuela	(157=)	96	H
Singapore	5	82	H	Iraq	(161)	113	H
Switzerland	6	7	FD	Turkmenistan	(162=)	162	A
Australia	7=	6	FD	Uzbekistan	(162=)	161	A
Norway	7=	1	FD	Myanmar	(164)	155	A
Canada	9=	8	FD	Sudan	(165)	154	A
Netherlands	9=	10	FD	Afghanistan	(166=)	152	A
Iceland	11	3	FD	North Korea	(166=)	167	A

Key: The EDI classifies countries as Full Democracies (FD), Flawed Democracies (none in Table 6), Hybrid systems (H), or Authoritarian (A).

Note: The bottom eleven countries are those listed in both the CPI and the EDI; since the latter assessed fewer states and territories (167) in 2012 than the former (176), the allegedly most corrupt countries in Table 6 are not identical to those in the actual CPI, a fact highlighted by the use of parentheses.

'cash-for-questions' scandals, in which members of both houses of parliament have been accused of raising issues in parliament and improperly promoting the interests of lobbyists—some of them actually investigative journalists posing as lobbyists—in return for bribes. In 2013, such allegations were made against a former Labour Minister (Lord Cunningham) and a former Conservative front-bencher, Patrick Mercer. In the Cunningham case, a House of Lords enquiry determined there was insufficient evidence of misconduct to pursue it. But Mercer resigned as Tory whip, and then announced his imminent resignation from parliament in April 2014, just before the publication in May of a Standards Committee report finding him guilty of deliberately evading the rules of political advocacy and recommending a six-month suspension from the House of Commons.

For German social theorist Max Weber, a well-functioning modern state should not merely be a democracy, but also have a well-developed rule-of-law culture; indeed, Weber was more concerned with the latter than with the former. The Washington DC and Seattle-based World Justice Project has been producing a *Rule of Law Index* (RLI) since 2010; a total of 97 countries and territories was assessed in the 2012–13 RLI. Unfortunately, the RLI does not include an aggregate single ranking for countries and territories. But Factor 5 ('Open Government') comprises four variables that most rule-of-law specialists would see as key components of it: that laws are publicized and accessible; laws are stable; citizens have the right to petition government and participation; and official information is available on request. While this does not cover all key aspects of the rule of law—such as that no-one is above the law, and laws should not be retroactive—it is nevertheless a useful aggregation of several factors that should be examined in determining how closely a country or a territory adheres to the rule of law. Given this, we can once again consider perceived corruption levels, this time as they appear to relate to the rule of law (see Table 7).

Yet again, and despite exceptions such as Singapore, Kenya, Kyrgyzstan, and Ukraine, there is a marked similarity between the perceived level of corruption and the extent to which the rule of law is observed. Indeed, the amount of corruption in a country or a territory can be seen as one indicator of the extent to which there is a rule-of-law culture.

In 1999, following complaints from several developing states that it was being unfair in focusing in its CPI on the bribe-takers (the

Table 7 Perceived corruption levels compared with the rule of law

Country/ Territory	CPI Rank 2012	WJP's RLI Rank 2012	Country/ Territory	CPI Rank 2012	WJP's RLI Rank 2012
Denmark	1=	8	Kenya	(86=)	64
Finland	1=	7	Nepal	(86=)	79
New Zealand	1=	4	Nigeria	(86=)	90
Sweden	4	1	Pakistan	(86=)	92
Singapore	5	19	Bangladesh	(90=)	89
Australia	(6=)	5	Cameroon	(90=)	95
Norway	(6=)	3	Ukraine	(90=)	62
Canada	(8=)	6	Kyrgyzstan	(93)	61
Netherlands	(8=)	2	Cambodia	(94)	83
Germany	(10)	16	Zimbabwe	(95)	97
Hong Kong SAR	(11)	10	Venezuela	(96)	84
Belgium	(12)	21	Uzbekistan	(97)	88

Note: As with most tables in this chapter, countries and territories have been re-ranked from their original CPI ranking because of the smaller number of countries and territories included in the RLI; this is again highlighted by the use of parentheses.

demand side of corruption) and essentially ignoring those offering or agreeing to pay bribes (the supply side), TI introduced the Bribe Payers' Index (BPI). This asked businesspeople—in the early years of the BPI only in developing states and areas—to name the countries and areas whose companies were most likely to offer bribes to secure contracts. The BPI is published every 3-4 years, and nowadays also asks businesspeople in developed and transition states and areas to assess the propensity of firms from various countries and areas to pay bribes. Since the index focuses on the world's major exporters, it ranks less than thirty countries and areas. The results of the 2011 BPI can be seen in Table 8 (scaled 0-10—higher numbers

Table 8 The Bribe Payers' Index 2011

Country/Territory	Rank	Score
Netherlands	1=	8.8
Switzerland	1=	8.8
Belgium	3	8.7
Germany	4=	8.6
Japan	4=	8.6
Australia	6=	8.5
Canada	6=	8.5
Singapore	8=	8.3
United Kingdom	8=	8.3
United States	10	8.1
France	11=	8.0
Spain	11=	8.0
South Korea	13	7.9
Brazil	14	7.7
Hong Kong SAR	15=	7.6
Italy	15=	7.6
Malaysia	15=	7.6
South Africa	15=	7.6
China's Taiwan	19=	7.5
India	19=	7.5
Turkey	19=	7.5
Saudi Arabia	22	7.4
Argentina	23=	7.3

(continued)

Table 8 Continued

Country / Territory	Rank	Score
United Arab Emirates	23=	7.3
Indonesia	25	7.1
Mexico	26	7.0
Chinese Mainland	27	6.5
Russia	28	6.1

indicate a lower propensity to pay bribes). A point to note from Table 8 is that while the rankings correlate closely with the CPI rankings, the range (6.1–8.8) is much smaller than the latter's for those countries and territories included in the BPI.

The fact that Western countries' firms appear to be less likely to pay bribes should not blind us to the fact that a number of major Western-based transnational corporations have in recent years been found to have been paying bribes or kickbacks to secure contracts overseas or other forms of favourable treatment (e.g. lower taxes); in addition to those already cited, other notable examples include Halliburton, Hewlett-Packard, and Pfizer.

But such corporate misconduct sometimes generates another type of corruption that is more typical of developed than of transitional or developing states, namely where senior government officials are aware that companies based in their country are paying bribes overseas, but turn a blind eye or even attempt to cover up such malfeasance. A prime example is the major political scandal about UK arms sales to Saudi Arabia. This relates to the Al-Yamamah arms deal, in which British arms manufacturer BAE and its predecessor were accused of paying huge bribes to secure sales to the Saudis. This is a long and convoluted case. Suffice it to say that the deal was Britain's largest ever trade deal; that British Prime

Minister Tony Blair was accused of a cover-up after he blocked an investigation of the allegations in 2006 on the grounds of national security; and that BAE agreed to pay a fine of US$400 million to the US authorities in 2010 under a plea bargain that meant it was not found guilty of bribery (it pleaded guilty to false accounting and making misleading statements). Despite this fine—one of the largest in US legal history—and a smaller but still substantial one paid to the UK's Serious Fraud Office at about the same time, the fact that BAE was not found guilty of actual bribery meant it was not debarred (blacklisted) by the World Bank and other international agencies, and thus remained free to tender for future arms deals.

A significant political factor that often helps to explain corruption is a country's historical legacy, which was considered in Chapter 4. Reactions to the legacy can also impact upon corruption levels. Thus, many post-revolutionary states seek to replace a large number of laws across a range of areas—property, elections and party financing, welfare, taxation, etc.—in difficult conditions, often resulting in delays ('legislative lag'). Typically, corruption thrives in a situation where old laws have been discarded, and replacement laws have either not yet been adopted or else are brand new and contain numerous loopholes.

A different legacy is often found in post-conflict states. Such countries were in many cases subjected to international sanctions or even full embargoes during the conflict period; in this situation, some governments encouraged both corruption, and collusion between state officials and organized crime, in order to obtain supplies. Behavioural patterns established in such situations have often continued after the conflict has ended. A prime example is Serbia. Trade sanctions were imposed in 1991 and not lifted until 1996. In the latter year, the Serbian Prosecutor-General acknowledged that his country would have been unable to function were it not for smuggling; while this was carried out primarily by crime gangs, it also involved collusion by the authorities.

Some states are so dysfunctional or ineffectual that they have been labelled 'failed states'. This term is unfortunate, since it can be interpreted to mean that such systems are beyond redemption. Adjectives such as 'troubled', 'disrupted', and 'fragile' have therefore been proposed as alternatives. These are preferable terms, since they connote serious problems in these systems without implying that they are beyond hope. Nevertheless, it must be acknowledged that there is a close correlation between the level of functionality of a state and its perceived level of corruption. This can be readily seen in Table 9, which compares countries' ranks in the CPI and FSI (Failed States Index in 2012—fortunately renamed the Fragile States Index in 2014).

A final political variable is the gender balance in government. In a short but influential 2001 article, David Dollar, Raymond Fisman, and Roberta Gatti argued that political systems with a high proportion of women in politics generally have lower levels of corruption than those with less female representation. But this argument has been challenged by Hung-En Sung, who maintains that it is not the percentage of women, but rather the robustness of democracy, that determines corruption levels.

Most correlations identified in this chapter have been with *perceived* levels of corruption, as reflected in the 2012 CPI. But a leading analyst of the causes of corruption, Daniel Treisman, has argued that while the sorts of correlations made here—and others, such as dependence on fuel exports—are interesting and explain up to 90 per cent of cross-national variation, they are also problematic, since 'measures of actual corruption experiences, based on surveys that ask business people and citizens in different countries whether they have been expected to pay bribes recently, correlate with hardly any of these factors once one controls for income'. Treisman therefore suggests the use of more experience-based surveys. But the reader is reminded that these tend to pick up only low-level corruption, whereas elite-level

Table 9 Perceived corruption levels compared with state's fragility

Country	CPI Rank 2012	FSI Rank 2012*	Country	CPI Rank 2012	FSI Rank 2012*
Denmark	1=	3	Burundi	165=	160
Finland	1=	1	Chad	165=	174
New Zealand	1=	7	Haiti	165=	171
Sweden	4	2	Venezuela	165=	95
Singapore	5	21	Iraq	169	169
Switzerland	6	4	Turkmenistan	170=	96
Australia	7=	13	Uzbekistan	170=	138
Norway	7=	5	Myanmar	172	157
Canada	9=	9	Sudan	173	175
Netherlands	9=	11	Afghanistan	174=	172
Iceland	11	12	North Korea	174=	156
Luxemburg	12	6	Somalia	174=	177

* The scaling in the CPI and the FSI goes in opposite directions—i.e. the lower the number in the CPI, the better, while the opposite is true in the FSI; the FSI scaling has therefore been reversed here for comparison with the CPI—the higher the FSI rank, the more fragile the state appears to be.

corruption typically has a more serious impact—and is more likely to be picked up by perceptions surveys.

Moreover, correlations do not prove causality, and there comes a point at which intuition and personal observation enter the equation. Although our techniques for determining the primary causes of corruption are now highly sophisticated and constantly being refined, we must always be alert to the potential dangers of both inappropriate generalizations from too few cases (inductive reasoning), and of seeking to explain individual cases on the basis of broad generalizations (deductive reasoning). There is clearly still a long way to go in researching and explaining corruption.

To conclude: the analyses cited in this chapter are—appropriately, given its title—concerned with systemic or structural explanations. But the reader is reminded of the need for a holistic approach to corruption, based on structuration theory. Neither systems nor agents are fully autonomous or determining: they are interactive.

Chapter 6
What can states do?

Corruption is what social scientists call a 'wicked' problem, meaning that it is so complex that it can only ever be partly solved; it can be controlled, but never completely eradicated. The state has a key role to play in managing this wicked problem, using 'stick' (disincentive), 'carrot' (incentive), 'administrative and technical', and 'other' methods.

Stick measures

The most obvious 'stick' states can use to reduce corruption is the legal system. One reason sometimes cited by the Botswanan authorities for apparently being the least corrupt country in Africa is that they have a prosecution rate well above the international average. Prosecutions can be of both bribe-takers and bribe-givers.

But prosecutions are not the only consideration; conviction rates and the severity of the penalties also matter. If penalties for those convicted of corruption are lenient, the justice system will be ineffective as a deterrent. Some countries do mete out harsh sentences for corruption. In early-2011, a Pennsylvania-based judge was sentenced to 28 years' imprisonment for wrongly sentencing thousands of children to junior prisons in return for substantial bribes from two businessmen who built and managed private juvenile detention centres; this was known in the US as the 'kids for cash' scandal.

Unfortunately, stiff penalties are the exception globally; the sentences passed on those convicted of corruption are typically soft. In March 2014, a San Diego (USA) court sentenced a border inspector to just 7½ years' imprisonment after finding him guilty of corruptly colluding with drug and people smugglers for almost a decade. But even this was relatively severe in comparison with most other cases. If we use the broad definition of corruption that includes misconduct in the private sector, the short prison sentence (two years and nine months) and short probation period (12 months) given to two executives found guilty in 2008 of serious involvement in the Volkswagen 'sex, bribes and corruption scandal' that emerged in Germany in 2005 were criticized for being too lenient.

Sometimes, those convicted of corruption receive lenient punishments because they have cooperated with the authorities in identifying others engaged in the impropriety. An example is of a political consultant sentenced in Texas in January 2014 to only 10 months' imprisonment (plus a fine and post-prison probation) for corruption; it was made clear that this was a lighter sentence than he would otherwise have received because he 'spilled the beans' on corruption between construction companies and local officials, and on a former judge, resulting in several convictions.

But those proven to have acted corruptly often do not face criminal proceedings at all, merely administrative ones. While the effect of penalties such as dismissal from one's post can be embarrassing, they rarely have as serious a negative long-term impact as a prison sentence, and are thus less of a deterrent.

On the other hand, ten states include the death penalty as a possible punishment for corruption, although China is the only one to use this regularly. Several state functionaries have been executed or threatened with this in China in recent years. While death penalties there are commonly suspended for corrupt senior officials, who finish up serving long prison sentences, those who *have* been executed include the former deputy mayors of Hangzhou, Shenyang, and Suzhou. The death penalty was rarely used in Vietnam until 2013; but public concern there about corruption saw at least three bankers sentenced to death in 2013 and 2014 for embezzling state-run banks.

Draconian penalties are not the only problems involved in using the legal system to fight corruption; abuse of that system is also an issue. In many countries, the judicial system is highly politicized and the rule of law weakly developed. Under such conditions, defendants are often assumed to be guilty unless proven innocent, and people who do not appear to objective observers to be corrupt can be framed and convicted for purely political reasons (e.g. being a member of a political party that has been challenging the authoritarian ruling party, or having criticized a country's leader).

Another problem can arise in states at the other end of the political spectrum. Sweden is so committed to the defence of individual civil liberties that it forbids its law enforcement agencies from mounting either sting operations (against suspected criminals) or entrapment operations (against people not already suspected of criminal activity). While there are strong rule-of-law arguments supporting Sweden's position on entrapment, the arguments against sting operations are much weaker, and mean that a potentially powerful anti-corruption tool is not being used. Moreover, Sweden is inconsistent in this area, since it allows mobile phone intercepts on possible clients of prostitutes (while prostitution is legal in Sweden, using a prostitute's services is illegal).

If officials lead expensive lifestyles that appear incommensurate with their declared incomes, the state should investigate this. In many countries, officials are now required to declare their income and assets, as a way of reducing corruption. But many corrupt officials simply understate these. This is why in-depth auditing of their incomes and expenditure, including access to bank accounts, is in principle an appropriate measure for the state to adopt.

Unfortunately, there are limits to the efficacy of such an approach. An obvious one is that some corrupt officials, especially at the elite level, will deposit their ill-gotten gains in opaque offshore accounts to which their government authorities have no access. Another problem is that some civil rights activists argue that such investigations are an invasion of privacy and therefore unacceptable in a rule-of-law based democracy. But when the potential harm of corruption is borne in mind, this argument is weakened; victims of corruption also have rights, and if income can be shown to have been legitimately acquired, those investigated should have nothing to fear. Of course, there is the danger that some states will act in an arbitrary manner; but this is more likely in authoritarian states in which the individual has few rights anyway, so that the civil rights argument is largely irrelevant in such cases.

While courts are meant to administer justice, legislatures are responsible for passing laws. But all too often laws relating to corruption are either non-existent or else seriously flawed. Sometimes, the laws are ambiguous or deficient, rendering it easier for defence lawyers to make cases for clients accused of corruption that the law does not clearly prohibit or apply to a particular type of misconduct. States therefore have a responsibility for tightening up anti-corruption legislation. Although the explanation for weak or ambiguous laws sometimes relates to the newness of a system—it takes time to devise and then refine laws—another factor is that parliamentarians often have a vested interest in not passing tough, unambiguous legislation; their own shady dealings could be brought to light and punished.

Many states and areas now have dedicated anti-corruption agencies (ACAs). Singaporean authorities often attribute their success in combating corruption partly to the establishment of the world's first independent ACA, the Corrupt Practices Investigation Bureau (CPIB). This was established in 1952, and has a strong record in keeping corruption levels in Singapore at low levels. Another example of a very effective ACA is Hong Kong SAR's Independent Commission Against Corruption (ICAC, established 1974), while the Botswanan Directorate on Corruption and Economic Crime (DCEC), established in 1994, also enjoys an enviable record. But while these three agencies are often taken as model ACAs, others are far less effective.

ACAs perform poorly for numerous reasons, including inadequate funding and blurred lines of responsibility. The latter is often the result of successive governments establishing new bodies without disbanding existing ones, so that there is an unclear division of labour, resulting in buck-passing between agencies. A leading expert on Asian corruption, Jon S. T. Quah, argues persuasively that a major reason for the success of the CPIB in Singapore and the ICAC in Hong Kong SAR is that both have sole responsibility for combating corruption (a point that also applies to Botswana); in most other areas there are multiple agencies. A fourth problem is that such agencies are often less independent of the bodies they are to investigate than they should be. A number of ACAs around the world tasked with looking into police corruption are required to use the police themselves to conduct the investigations. In contrast to such practices, the CPIB and the ICAC have their own investigative powers, and answer directly to the Singaporean Prime Minister's Office and Hong Kong SAR Chief Executive respectively.

In some countries, a popular way of using the 'stick' against those found guilty of corruption is public shaming. For example, the South African Justice Minister announced in February 2013 that the government would be publishing the names of those convicted of corruption, once it had decided which media to use for this; in

June, the names of forty-two people convicted of particularly serious cases of fraud and corruption were published on the South African government website.

Closely related to the practice of naming and shaming corrupt individuals is the policy of publicly blacklisting (debarring) private companies found to have engaged in the corruption of public officials. Singapore has been a trailblazer in this area too. In January 1996, the Singaporean authorities debarred five major corporations, including Siemens (Germany), BICC (UK), and Pirelli (Italy), from tendering for Singaporean contracts for five years after they were found to have bribed a Singaporean official. Siemens has also been debarred in several other countries—Italy, Slovakia, and Brazil—and accused of corruption in yet others (e.g. Argentina).

Another approach that can be used in attempts to penalize corporations for offering bribes is to litigate. The Filipino government did so against Westinghouse after the latter constructed the Bataan nuclear power plant in the 1980s that never became operational before it was decided in 1999 to mothball it; it had not been commissioned because it was located too close to a major earthquake fault line and to a volcano that erupted in 1991. Unfortunately, the Filipino authorities were unable to persuade the US to try Westinghouse for bribe-giving under the latter's Foreign Corrupt Practices Act, for reasons that remain unclear. Nevertheless, the possibility of litigation remains.

A final stick method is when authorities threaten some future penalty for those considering engaging in corruption; a powerful one is the threat of nullifying retirement pensions.

Carrot measures

In the 1st century AD, the Roman historian Tacitus wrote that 'The more corrupt the state, the more numerous its laws.' While a sweeping generalization, there is some truth to this observation, and it is worth considering ways in which states can fight corruption other than by introducing ever more regulations.

Governments can use a range of incentives in their endeavours to reduce corruption. One is to improve the officials' working conditions, particularly their salaries; the success of anti-corruption policies for law enforcement officers in Singapore, Georgia, and to a lesser extent Russia, has been linked by commentators to substantial pay-rises. As with most anti-corruption measures, however, this one is not without problems. Many of the apparently most corrupt states are also among the poorest, and could not afford to raise officers' salaries to the levels at which some commentators believe corruption will begin to reduce. Second, simply raising salaries without simultaneously increasing 'stick' measures often means in practice that corrupt officials opt to accept the higher salaries *and* continue taking bribes; they are in a win-win 'double-dip' situation, whereas the state is in a lose-lose one, since it is paying more to its officers but not increasing state revenue.

States that cannot afford to introduce across-the-board salary increases for groups of officials can adopt an alternative method that is still based on material incentive but is less costly. This is to provide financial rewards to officials playing a positive role in combating corruption. Unfortunately, this approach can backfire. For example, the Hungarian authorities decided several years ago to pay bonuses to customs officers who reported travellers offering them bribes to turn a blind eye to smuggled goods. One officer was so successful that he earned more than the prime minister. This raised suspicions, and it was determined following investigations that the officer had been making false accusations so as to maximize his income. A variant on this incentive approach is to reward officials who are incorrupt or who report corrupt colleagues.

So far, the incentive focus has been on officials. But states can also encourage citizens to report corruption. A common method is to establish anonymous hotlines. Another possibility is to introduce schemes to protect witnesses and whistleblowers (people who report the known or suspected corruption of others). Unfortunately, not only are protection schemes relatively expensive, but the fate of those who blow the whistle or testify against a suspect in court can be worse than that of the miscreants. Whistleblowers from within an organization often find themselves being cold-shouldered by colleagues, and many are eventually either dismissed or themselves choose to leave their job because of mistreatment by colleagues.

Witnesses under protection schemes can fare at least as badly. While such schemes mostly relate to witnesses to violent crimes committed by gangs, it should not be forgotten that police corruption can also involve threatened and actual violence. For their own safety, such witnesses are often given new identities and transferred to new locations. Unfortunately, this can have disastrous effects on their own lives, since they are often moved away from family and friends to a strange environment in which they have to live a lie (i.e. they cannot reveal their true identities). In short, this form of incentive might help with law enforcement, but can have serious negative effects on those who assist the authorities.

Administrative and technical measures

An increasingly popular administrative method for countering corruption is rotation, whereby officials are moved on a regular basis from one office to another. The rationale is that corrupt networks take time to develop, so that frequent changes of personnel are likely to hinder this. While an experiment conducted in Germany suggests this might be the outcome, evidence from India is less encouraging, since it reveals that managers sometimes tell each other who is corruptible and who not. Moreover, frequent moves between offices can mean that valuable aspects of corporate memory and officials' experience is lost. Rotation also has a potential downside for bribe-givers, who may find they have to pay twice for a service—once to the original corrupt official and then again to his or her replacement.

Better auditing can also play a role in countering corruption. In 2003–4, economist Benjamin Olken conducted an experiment in over 600 Indonesian villages introducing road-building projects. At the start of the experiment, only some 4 per cent of such projects were audited by the Indonesian authorities. But Olken announced in each of the villages that *all* projects would now be audited. Using a sophisticated methodology, he calculated that 'missing expenditures' were lower following this initiative by an average of more than 8 per cent, which he saw as a 'corruption tax'. His conclusion was that top-down auditing was an effective anti-corruption method; he further maintained that this approach was more effective than a grass-roots monitoring system.

A somewhat technical approach to anti-corruption is norm setting. Suppose that the government of Mali wants to build a new airport in the capital, Bamako, and calls for tenders. Since the government has been involved in other major infrastructure projects in the past and knows the cost of materials and labour in Mali, it can calculate the approximate costs of a kilometre of runway, and thus produce a norm—maximum and minimum figures for the cost, depending on what a tendering company is offering (e.g. faster completion might cost more than slower). The government should then be suspicious of bids either well above or well below this norm. In the former case, the tenderers might have either factored in corruption 'on-costs' (thus raising the price); in the latter, they might be intending to bribe procurement officials to accept low bids, on the grounds that, having secured the contract, they will subsequently be able to claim cost blow-outs.

An issue with norm setting is that it is unclear whether or not the norms should be revealed to potential bidders. For instance, foreign companies might be at a disadvantage over local companies if the norms are kept confidential, since, unless they have previously worked in the region, they could find it difficult to assess costs accurately. Conversely, revealing the norms could disadvantage local companies relative to foreign ones, since large overseas firms might be able to employ economies of scale and fewer workers if they possess expensive machinery that local firms in developing or transition states do not.

In terms of the sums involved, one of the most serious areas of potential corruption is procurement. Defence contracts can be worth millions—even billions—of dollars, and there have been numerous examples of manufacturers of military aircraft paying substantial bribes to officials to secure contracts. One way to counter this is to introduce open on-line tendering, thus rendering the whole procurement process far more transparent. Unfortunately, many governments, let alone private manufacturers of defence equipment, prefer opacity about defence expenditure, allegedly in the interests of national security.

On-line tendering is just one of numerous anti-corruption methods that involve greater use of technology. Another is the use of CCTV (closed circuit television) at strategic locations, such as at border crossings if there is known or suspected to be a high level of corruption among customs officers. And wider use of automated speed cameras can reduce opportunities for traffic police to accept or demand bribes from motorists.

Since corruption can be found in most agencies in most countries, and since the majority of anti-corruption measures incur costs—which governments usually want to reduce—it is better for states to target corruption seen to be the most damaging rather than all corruption; the assessment of this varies from country to country. In most developed states, for instance, corruption is not a major problem in the traffic police, whereas it often is in serious crime squads, where police officers come into direct contact with criminals who may offer them substantial bribes. States therefore need to produce their own tailored risk (or vulnerability) assessments for a targeted approach.

Other measures

Many observers maintain that the most useful method for combating corruption in the long term is to increase levels of trust in society, and to change public attitudes and morality through ethical education. A problem with this is that it takes a long time, sometimes generations, for it to be effective. Moreover, many factors will counter it while it is being applied, so that it might only ever have marginal impact.

However, limited empirical evidence suggests that dedicated seminars (for officials, executives, schoolchildren, etc.) and certain types of campaign can have an effect on attitudes towards corruption even in the short term. Focusing on the latter, there are two main kinds of campaign, one of which is usually much more successful than the other. The more effective one is where governments raise public awareness of what corruption is, that it is unacceptable, and what role citizens can play in combating it. Conversely, campaigns in which governments declare their intention to clamp down on corrupt officials are typically either limited in their effectiveness or counter-productive. All too often, this second type results in the 'crying wolf' syndrome: citizens are so familiar with 'new' campaigns that, like so many previous ones, are supposed to target high-level corruption but then deliver very little, that they will not believe politicians who claim their campaign is different from earlier ones. Public cynicism and mistrust will be rife.

Sometimes, the problem of corruption in a given country is so serious that radical approaches are required. One, adopted by

Mikheil Saakashvili when he was president of Georgia, is to dismiss all the officers from a given branch of the state, shut that branch down, and then replace it with a new one with new personnel and a new image. Saakashvili did this with the traffic police from 2004 on, and scored major successes.

In some branches of the state, staffs are by tradition predominantly male; police forces are an obvious example. An innovative way of addressing corruption in such branches is to change the gender balance. The traffic police in Peru were in the 1990s criticized by their own government and the World Bank for their high levels of corruption. The World Bank suggested experimenting with a change in the gender balance, since women were considered to be less easily corrupted than men. From 1998, the traffic police in Peru were increasingly feminized. A decade later, Peruvian police spokespersons claimed this policy had been a major success, and that corruption levels among the traffic police had substantially declined. A similar policy, also designed to reduce corruption among traffic police, was introduced in Mexico City shortly after the Peruvians had led the way; again, initial results were encouraging.

However, recent research into the Peruvian situation by Sabrina Karim suggests that, while feminizing the force has seen a decline in corruption, the results are less impressive and clear-cut than officially presented. The correlation between the percentage of women in a given branch of the state and corruption levels is not as strong as sometimes suggested. While the empirical evidence on this is still thin, it has been argued that it is less gender that explains declines in corruption when a force is feminized than newness. Corrupt networks take time to develop, as trust between potentially corrupt officers needs to be established and nurtured. The suggestion is that women can also become highly corrupt when working closely together over long periods.

But there is an interesting twist to this. It appears from limited evidence that women generally trust each other more than they trust men, and vice versa. Partly based on this assumption, Polish police forces have in recent years and where possible been deploying two-person patrols comprising one male and one female officer.

A final gender-related point is that Marilyn Corsianos' research into corruption among US police officers suggests that female officers are much less likely to form corrupt networks than are male officers; if this applies elsewhere, it could help to explain why corruption levels are apparently lower where there is a higher percentage of female officers.

Radical gender re-balancing is not the only innovative method tried by Latin American leaders determined to reduce corruption. Another was adopted in the mid-1990s in the Colombian capital of Bogotá by its then mayor, Antanas Mockus. Like many Latin American cities, Bogotá had a serious problem of corruption among its traffic police. Mockus' highly original approach to this was not merely to disband the traffic police, as Saakashvili did a decade later in Georgia, but to introduce mimes as a way of addressing the city's traffic problems. Instead of being issued with fines—or not, in return for a bribe—those breaking the traffic rules were mocked by a large team of mime artists. This not only improved Bogotá's traffic situation, but also reduced corruption.

A fourth radical approach is based on the maxim 'if you can't beat 'em, join 'em'. During the 1990s, there was a problem of corruption in the Romanian military, whereby officers enrolling conscripts would often sign 'unfit for military service' statements in return for bribes. Rather than attempt to address this problem through greater control, the government adopted a lateral approach, making it legal for those who did not want to engage in military service to buy themselves out. This meant that most of the money—there will always be some who will risk paying a bribe rather than pay the (higher) state fee—that had been going into officers' pockets now went to the state.

A final radical approach is to grant an amnesty to those accused or suspected of corruption. A government can declare it will not examine cases that have already occurred, but will clamp down heavily from the beginning of the following year. This method should only be considered in extreme cases, when corruption is so widespread that it would be unrealistic to expect a new administration to be any less corrupt than the one it is replacing. Such an approach has the distinct drawback that many members of the general public will initially be incensed that corrupt officials are being pardoned, which in turn undermines the state's legitimacy. But if positive results become obvious fairly quickly, then many citizens will see this approach as the lesser of two evils.

So far, the focus has been on the domestic measures that can be adopted by national governments. But states can also cooperate with and learn from external agencies, including other states. Our final cluster of 'other' approaches relates to what states can and should do beyond their own borders.

Until the 1990s, the USA was the only country to have legislation that applied to misconduct by its corporate sector overseas. In 1977, following the Lockheed bribery scandals—whereby a leading US manufacturer of military aircraft was found to have been paying bribes over many years and in several countries to secure overseas contracts—and the general mood against misconduct following the Watergate scandal, the USA introduced the Foreign Corrupt Practices Act (FCPA). This made it illegal for American companies to offer or pay bribes overseas to secure contracts. While this was in practice rarely applied until the late-1990s, it set a precedent, and was used by the US to encourage the OECD to adopt an anti-bribery convention considered in Chapter 7. Recent corporations affected by the FCPA include the world's largest employer, Wal-Mart, which in April 2012 was publicly accused by the *New York Times* of bribery in Mexico; in February 2014, Wal-Mart announced that it expected to pay more than US$200 million over the following twelve months investigating possible breaches of the FCPA.

In recent years, many Western states have adopted similar legislation to the FCPA, though most analysts agree that the new UK anti-bribery act of April 2010 (effective July 2011) has set a new, much higher benchmark. This act, described by some as the world's toughest anti-bribery law, is very wide-ranging, covering bribery at home and abroad by both domestic companies and foreign companies involved with British ones. Moreover, whereas the FCPA does not prohibit facilitation payments (or 'speed money', designed to accelerate bureaucratic processes once a contract has been awarded), the British Bribery Act renders these illegal.

States can help each other to reduce corruption by permitting extradition. Unfortunately, many countries do not permit extradition of their own citizens to other countries, even if the latter can provide evidence of wrongdoing. This plays into the hands of corrupt officials and executives.

Another possibility is for states to introduce laws that forbid their banks from accepting questionable overseas deposits, or at least require banks to notify the authorities about suspicious deposits. The pressure on states to pass such laws intensified in the 2000s in the aftermath of 9/11, as it became clear that terrorists were often able to launder money through banking havens. Despite these pressures, a number of countries continue to permit banking practices deemed by the Financial Action Task Force (FATF—see Chapter 7) to be conducive to money-laundering. As of February 2014, the list was headed by Iran and North Korea—while countries that have in the past been seen as banking and tax havens, such as the Cayman Islands and Nauru, have now been removed from the FATF blacklist. At least in terms of banking, there are ever fewer places for corrupt officials to launder their money.

However, many states could do much more to monitor the banking sector, as demonstrated by the Financial Secrecy Index (FSI) that has been produced since 2009. While this does not indicate corruption levels within countries assessed, it does provide a way of seeing how complicit countries are in corruption.

An obvious point to emerge from Table 10 is that almost all of the most secretive jurisdictions have very small populations. One point that does not emerge from it is that the two countries assessed as having the most transparent banking practices among the eighty-two jurisdictions evaluated in 2013 are Denmark and Sweden, with respective scores of 33 and 32; the UK's score is 40. While the Scandinavian scores are unsurprising, it is noteworthy in light of other assessments we have considered that two other countries with relatively transparent banking systems are Spain and Italy (36 and 39 respectively).

It could be argued that Table 10 is misleading, since it ranks jurisdictions in terms of their financial transparency. But the Tax Justice Network that produces the FSI prefers to rank countries and territories primarily in terms of the *value* of the financial secrecy; this is not calculated simply in money terms, but on the basis of a complicated mathematical formula that need not detain us. But using this method, the top (worst) ten countries and territories look very different (Table 11); several major developed countries and territories clearly need to address the issue of tax and banking havens.

In Chapter 1, the problem of distinguishing a gift from a bribe was considered, and the point made that cultures vary considerably in how they interpret these. This is an area in which states need to better understand each others' viewpoints and traditions. Fortunately, there is a growing trend for states to distinguish gifts and bribes quantitatively, if not qualitatively. More and more governments now acknowledge that it can be offensive for their officials to reject genuine gifts offered by officials from other states

Table 10 The most secretive jurisdictions in terms of financial regulations, international cooperation, and anti-money laundering compliance (based on FSI 2013; scaling out of 100)

Rank	Jurisdiction	Secrecy Score
1	Samoa	88
2	Vanuatu	87
3	Seychelles	85
4=	St Lucia	84
4=	Brunei Darussalam	84
6	Liberia	83
7	Marshall Islands	82
8	Barbados	81
9=	Antigua & Barbuda	80
9=	Bahamas	80
9=	Belize	80
9=	Bermuda	80
9=	Malaysia	80
9=	Mauritius	80
9=	San Marino	80
9=	St Kitts and Nevis	80

and cultures, so that a compromise position is emerging. This is to specify the maximum value of a gift, usually between US$100 and US$150. Of course, there is always the danger that someone will be offered $150 today and every day for many months, so that the gift does equate to a bribe; legislation allowing gifts therefore needs to incorporate wording that forbids circumvention of the gift/bribe distinction.

Table 11 The FSI 2013—Ten worst offenders

Rank	Jurisdiction
1	Switzerland
2	Luxemburg
3	Hong Kong SAR
4	Cayman Islands
5	Singapore
6	USA
7	Lebanon
8	Germany
9	Jersey
10	Japan

A final way in which states can indirectly assist each other in combating corruption is by setting a good example. If developed states criticize transition and developing ones for corruption, they must do everything possible to keep their own houses in order; the pot calling the kettle black will not contribute to a global reduction in corruption.

A key factor in fighting corruption is political will. Unfortunately, this all too often appears to be absent. But a growing number of states are now showing the requisite political will, for instance in that they will punish corrupt officials, however highly-ranked they are or have been. Between 2012 and 2014 alone, former prime ministers in Cameroon, Croatia, Egypt, Israel, Slovenia, Romania, and elsewhere received prison sentences for corruption.

In 1990, Harvard political scientist Joseph Nye coined the term 'soft power' to refer to the advisability of improving international relations through more dialogue and less coercion or force (which is hard power). In the 2000s, he argued that the US should pursue a policy of 'smart power' in its relations with other countries, meaning a combination of hard and soft power. In combating corruption, what is needed is 'smart anti-corruption', meaning a combination of stick, carrot, and other approaches. However, the mix will vary from country to country, according to the culture, the type of political and economic system, and the resources available; applying a one-size-fits-all approach will not only not work, but can actually be counter-productive by alienating countries that feel they are being unfairly coerced. Nevertheless, the range of anti-corruption methods included in this far from exhaustive analysis demonstrates clearly that much can be done, given sufficient political will and capacity.

Chapter 7
What else can be done?

The state is only one of many actors with a role to play in controlling corruption. In this final chapter, we consider what can be done by international organizations (IOs), the business sector, and civil society, before evaluating the overall effort at combating corruption.

International organizations

As noted, it is only in the past twenty or so years that the international community has focused its attention on corruption. One reason is that the West, which has been the principal anti-corruption driver since the 1990s, had little interest in pushing an international anti-corruption agenda during the Cold War. The USA, in particular, did not wish to upset its allies by criticizing them for corruption; nor did it want to criticize developing states, which could encourage them to join the Soviet camp. But once the Cold War was over, the gloves were off. In the early-1990s, the US began to complain more loudly that its corporate sector was losing overseas business to companies based in other developed states, none of which had anything to compare with the FCPA (see Chapter 6). In short, the Americans wanted a more level playing field in international business.

It was in this context that what many see as the first major attempt by an IO, the OECD's (Organization for Economic Cooperation and Development's) 'Recommendations on Bribery in International Business Transactions', were issued in 1994. But as its name indicates, this was only a set of suggestions; after all, the Americans had not used the FCPA much anyway.

But by the late-1990s, partly because of the growing influence of TI and the fact that the World Bank began seriously targeting corruption following the appointment of James Wolfensohn as its head in 1995, the international community became increasingly aware that corruption was a serious problem. The OECD's recommendations were given more bite, in the form of an anti-bribery Convention that was adopted in 1997 and came into effect in 1999. This Convention established 'legally binding standards': states ratifying it were required to adopt or modify domestic legislation to conform with it.

A tangible effect of the OECD Convention was that several developed states—including Australia, Germany, and the Netherlands—had to cease granting their corporations tax write-offs for business-related bribes paid overseas. The Convention, to which all thirty-four OECD member states plus seven others (Argentina, Brazil, Bulgaria, Colombia, Latvia, Russia, and South Africa) are now party, has been strengthened several times since 1999, notably in 2009 and 2011. It is described by the OECD itself as the 'the first and only international anti-corruption instrument focused on the "supply side" of the bribery transaction'—meaning that it focuses on the misdeeds of the corporate sector in offering or paying bribes, rather than on the officials who accept or demand them.

Closely linked to the OECD is the Financial Action Task Force (FATF). This was established in 1989 on the initiative of the G7 group of leading economic nations, and was tasked with combating money-laundering. Initially, its focus was primarily on organized crime. But its interest soon spread to terrorism and then to corruption; 9/11 was a major stimulus to this. Its anti-corruption efforts have intensified since 2010, when it began working closely with the G20's Anti-Corruption Working Group on how best to combat money-laundering related to corruption. It has published a number of reports on this since 2011.

Although the OECD Convention applies to only approximately one-fifth of the world's states and territories, these are spread around the globe. In addition, a number of regional anti-corruption conventions have been adopted since the mid-1990s. The first was the Inter-American Convention against Corruption, adopted by the thirty-five member-states of the OAS (Organization of American States) in 1996. More recently, in 2003, the fifty-three member-states of the African Union adopted its Convention on Preventing and Combating Corruption (effective 2006).

The EU (European Union) is generally seen to have begun focusing on corruption in 1995, and produced a convention against corruption among its own officials and those of its member states in 1997. This was followed by a 'Comprehensive Policy Against Corruption' in 2003. In addition, it has engaged in targeted conditionality. For instance, when the EU published its general roadmap for enlargement (*Agenda 2000*) in 1997, it also produced individual analyses of the conditions each post-communist applicant state had to meet to be granted membership. The only issue specified in the 'political criteria' section of each of the ten individual analyses was the need to intensify the fight against corruption.

Another European agency, the larger (forty-seven member-states—all European states except Belarus and Vatican City State) Council of Europe (CoE), adopted a number of conventions and other documents in the late 1990s and early 2000s designed to counter corruption. The first was the 'Twenty Guiding Principles for the Fight Against Corruption' in 1997, which was followed by both Criminal and Civil Law Conventions on Corruption in 1999; the former was strengthened in 2003 (effective 2005). The CoE has also produced recommendations on codes of conduct for public officials (2000) and on political financing (2003).

While the CoE has limited capacity for ensuring compliance by its member-states, the agency it established in 1999—GRECO (Group of States Against Corruption)—to monitor compliance by states with its anti-corruption instruments has enjoyed some success. In 2012, GRECO began analysing the gender dimension of corruption, including its differential impact on men and women, which has attracted increasing attention among those fighting corruption.

Finally, the CoE, sometimes with the EU, has introduced several anti-corruption programmes targeted at particular countries and regions. These include the 'Octopus' projects of the late 1990s, the RUCOLA (2006–7) and PRECOP (2013–15) programmes in Russia, and SNAC-South in Morocco and Tunisia (2012–14); some of these reveal that the CoE occasionally operates beyond Europe.

Of all the anti-corruption conventions, the one endorsed by the highest number of states is UNCAC. This was opened for signature in late 2003, and came into force in December 2005, thus being a relatively recent document; by April 2014, UNCAC had 140 signatories and 171 states parties. It is described by the UN itself as the world's first legally binding anti-corruption document (as noted, the OECD Convention has only forty-one signatories), and is seen by some as the 'gold standard' of anti-corruption documents, despite containing no actual definition of corruption.

International law enforcement agencies also have a role to play in combating corruption. The principal one, Interpol, has its own group of specialists—the Interpol Group of Experts on Corruption or IGEC—that was established shortly after Interpol held its first conference on anti-corruption in 1998. IGEC has produced a set of 'global standards' specifically aimed at reducing corruption in police forces. Interpol sees one of its primary anti-corruption roles as asset recovery, i.e. returning stolen assets to victim countries. In recent years, it has been targeting sports-related corruption, such as match-fixing.

So far, the focus has been mainly on preventative and punitive approaches. But IOs can also play an encouraging role. For example, the CoE praised the Netherlands in 2013 for its approach to combating corruption among parliamentarians and judges.

While most IOs have in recent years introduced policies and measures designed to reduce corruption, the World Trade Organization (WTO) has been criticized for doing too little in this area. Established in 1995, it began in 1996 to consider ways of reducing corruption in public procurement; but external observers have in the past claimed the WTO has made little headway. Notably, then head of TI Peter Eigen published an article in 2003 explicitly criticizing the WTO's lack of progress in combating corruption in procurement. The WTO's Revised Agreement on Government Procurement that became effective in 2014 made reference to corruption, but this was fleeting and essentially tokenistic.

The International Chamber of Commerce has also encouraged the WTO to take a stronger stand by urging it to include corruption as one of the prohibited non-tariff barriers, though this has not happened. Scholar Padideh Ala'I has argued that the WTO's emphasis on the need for greater transparency in international trade has contributed to the fight against corruption, while Philip M. Nichols has rightly noted that the WTO is in principle in a stronger position than most IOs to fight corruption in international trade. While true, this means little if the potential is not exploited;

the WTO's 'member-driven' consensual approach has rendered it a toothless tiger on many important issues, including corruption.

Banks and TNCs

In the early 20th century, Max Weber argued that the best check on the state bureaucracy, which would include controlling corruption, was to have a powerful business class separate from the state. Unfortunately, the business sector and the government in many countries are all too cosily intertwined, which bodes ill for the control of corruption. But both banks and the corporate sector can in principle play a significant role in combating corruption.

While many see two IFIs (International Financial Institutions), the IMF (International Monetary Fund) and the World Bank, as fulfilling essentially similar functions, this is not so. In the field of anti-corruption, the World Bank has been much more active than the IMF. While the latter encourages transparency as part of its emphasis on good governance, its main practical focus relating to corruption is on countering money-laundering. But the World Bank has been working in a number of ways since the mid-1990s to reduce corruption. Its innovative methodologies for identifying and measuring corruption were considered in Chapter 3; since 1999, the World Bank has also been debarring (i.e. blacklisting) companies and individuals that have engaged in various kinds of misconduct in international trade, including sanctions-busting and corruption. Since 2011, the Bank has increased the potential effect of such debarment by cross-listing with the Asian Development Bank, the European Bank for Reconstruction and Development, and the Inter-American Development Bank.

One of the most controversial approaches adopted by both the World Bank and the IMF is to cancel or suspend loans because of corruption. Both suspended loans to Kenya in 1997 for this reason. More recently, the World Bank cancelled a $US1.2 billion loan to Bangladesh in 2012 for what would have been the country's longest bridge because of suspected corruption of Bangladeshi officials by a Canadian engineering firm.

Like other international organizations, the World Bank sometimes praises as well as criticizes. For example, it congratulated Romania in 2002 for its work in reducing corruption in the judiciary (though the EU subsequently criticized Romania for doing too little to combat corruption among its judges).

Responding to criticism, a number of private banks have taken steps to counter money-laundering, which can impact upon high-level corruption in particular. In 2000, eleven leading banks joined forces to create the Wolfsberg Group that produced a set of AML principles. The group has continued to produce principles and guidelines, many on aspects of banking—such as correspondent banking and beneficial ownership—that are important in the fight against money-laundering, but somewhat technical for an introduction like this.

It has been noted that many people now include the corporate sector as potentially corrupt (as distinct from being corruptors). Whether one adopts this broad definition of corruption or the narrow one that focuses on state officials, there is no question that the private sector is a major player in global corruption. While Western media have had a field day since the beginning of the millennium detailing the misconduct of companies such as AWB (headquartered in Australia), SNC-Lavalin (based in Canada), and numerous others, less commonly considered are the actions the private sector can and does take to combat corruption. In fact, there are many possibilities.

A small number of companies have in recent years either threatened to withdraw or have actually withdrawn from countries because of the latters' corruption situations. IKEA in Russia is an example of the former, while Unilever withdrew from Bulgaria in 1997 (for some three years) because of the corruption there.

Many private firms have in recent years adopted Codes of Ethics in their endeavours at least symbolically—and in some cases because of genuine concern—to demonstrate their commitment to raising awareness among their workforces of the need for integrity in business relations. These typically emphasize that bribery is completely unacceptable. In the case of Siemens, one of the TNCs shown to have been particularly unethical in the past, senior management has introduced a major compliance programme since 2008, and is now seen as a model of how a company can seek to redeem itself.

Since at least the early 1990s, more and more companies have been presenting their annual reports not merely in terms of financial performance—the traditional 'bottom line'—but also of their social and environmental achievements. For instance, they might have sponsored sportspeople for the Olympics and reduced their CO2 emissions. This triple bottom lining—also known as the 3Ps approach, namely 'people, planet, and profit'—is usually presented as 'sustainability reporting'. But in recent years, there has been a push to add a fourth bottom line, governance. This would include reporting on what a company has been doing to reduce bribery and corruption. It is argued by proponents of this 'quadruple bottom lining' that firms would benefit from reporting a fourth line, since it should enhance a company's reputation. Although the evidence on this is mixed, some maintain that a company will lose market share if it develops a bad reputation: whether this is true or not, many firms factor in 'reputational risk' when making important decisions.

Civil society, domestic and international

While the concept of civil society can be traced back to Aristotle, it became a significant item on the social science agenda back in the

18th century. The term has since had a patchy history, and there is still disagreement on what it means. For our purposes, since the role of the business sector has already been considered, the other principal components of civil society analysed will be the mass media, non-government organizations (NGOs), and social media.

In a well-functioning democratic system, the mass media, both print and electronic, have a significant role to play in combating corruption. They can investigate allegations and publish their findings, and both directly and indirectly pressure the authorities to pursue the claims. Unfortunately, the mass media in many countries do not enjoy the autonomy they should. In describing the diverse roles and nature the media can play, Rodney Tiffen uses a canine metaphor that classifies them into five possible categories: the watchdog (the ideal role of the media); the muzzled watchdog (the media are severely constrained, not only by censorship, but also by defamation laws that are heavily skewed towards the interests of those the media are accusing of misconduct); the lapdog (the media allow themselves to be manipulated by political elites); the yapping pack (the media make a lot of noise, often copy each other, but are neither investigating cases properly nor playing a constructive role); and the wolf (the most dangerous type, in which the media are careless about investigating allegations properly, and publish irresponsibly, thereby increasing public cynicism and undermining system legitimacy).

It is clear from Tiffen's typology that the role the media play in combating corruption may be limited or even negative. An example of the latter, and of the 'muzzled watchdog' scenario, is the introduction in Russia in 2013 of a law that prohibits the media from publishing details of the private assets of members of the families of senior officials. There have been allegations that members of the Moscow political elite have improperly registered property in the names of members of their families—including children—so as to hide some of their own wealth; whether or not this is true, any media outlet that sought to investigate this and publish its findings would face potential litigation.

Although the first use of the term NGO has been traced back to 1945, the acronym has only been in popular use since the 1970s, and has become far more familiar since the 1990s. There are numerous types of NGO; we shall consider only those domestic and international ones committed to combating corruption.

The best-known international anti-corruption NGO is Berlin-based TI, which is global, but has local branches ('national chapters') in many countries. The mastermind behind this, Peter Eigen, had been managing World Bank operations in East Africa, and became increasingly incensed at the ways in which corrupt local elites were taking for themselves international funding that was meant to help the poor. This led him to establish TI in 1993; he chaired the organization from then until 2005.

In addition to the various indices of corruption considered in earlier chapters, TI also produces practical 'toolkits'. Aware that a 'one-size-fits-all' approach to combating corruption in diverse cultures and agencies is inappropriate, TI sensibly prefers to identify and explain various methods (tools) that it makes available to those people or organizations wanting to fight corruption to choose from, according to local needs and circumstances.

One other TI initiative is the promotion since the 1990s of 'Integrity Pacts' in public procurement. In TI's own words, integrity pacts are 'essentially an agreement between the government agency offering a contract and the companies bidding for it that they will abstain from bribery, collusion and other corrupt practices for the extent of the contract'; they incorporate a monitoring system whereby NGOs (often the local TI chapter) will seek to check on the extent to which the signatories to the integrity pact comply with it in practice.

Another international NGO is the U4 Anti-Corruption Resource Centre, established in 2002 and based in Bergen, Norway. This has a somewhat different focus from TI's, in that it is primarily oriented to assisting (mainly European) donor organizations reduce corruption relating to their development aid programmes. This said, it works closely with TI, which runs U4's Help Desk from its Berlin headquarters. Other NGOs and NGO alliances with an international spread include Global Witness and Global Integrity.

There are also many individual domestically-based anti-corruption NGOs in most countries of the world. Many of these—more than 350 organizations from more than 100 countries—are linked with each other through the UNCAC Coalition. This was established in 2006 to coordinate the work and share best practice experiences of the various NGOs. Another global network is Publish What You Pay, which has a membership of more than 800 civil society organizations worldwide, and which focuses on corruption and other malpractices in the extractive industry sector.

To this point, the focus has been on formally organized agencies that make anti-corruption either their principal or a major objective. But sometimes, even more powerful than these agencies is the general public. A simple way in which ordinary citizens can fight corruption is by reporting known or suspected cases, or simply making suggestions on how to combat it; while this often involves technology, such as access to a telephone or a computer, it need not (see Figure 6). Another is for members of the public to refuse to pay bribes. Unfortunately, this can sometimes be easier said than done: if the only way to secure potentially life-saving medical treatment for oneself or one's family is to offer bribes to doctors who are supposed to provide free healthcare, it is understandable that many will do so.

But there are other ways in which the public can play an important role. Social media are becoming increasingly significant

6. A Kenyan anti-corruption suggestion box: combating corruption can include low-tech methods.

in all sorts of areas, including anti-corruption. In Russia, the best-known blogger on corruption, particularly in public procurement, is Alexander Navalnyi. His critical blogs have resonated with so many Russians that he was at one time considered a strong possibility to run for president in 2018. At the global level, Facebook now has a 'Name and shame your corrupt politicians and Public Servants' facility.

7. Mass protests against corruption are increasingly common in many parts of the world.

In his 2012 book on corruption, Frank Vogl emphasized the role of 'tweeting', which he saw as a major factor in raising political awareness in some of the countries that experienced the so-called Arab Spring, and as a potentially powerful weapon in fighting corruption. There is no question that tweeting can rapidly mobilize thousands of people to protest against various forms of injustice, including corruption; it has played a role in recent years in galvanizing citizens to participate in mass protests against corruption in Argentina, Brazil, Bulgaria, India, Thailand, Turkey, Ukraine, the US, and many other countries (Figure 7). While some mass demonstrations have led to regime collapse, others have resulted in harsh clampdowns. But in the latter case, regimes typically reduce their own legitimacy, making their eventual demise even more likely.

Criticisms of anti-corruption

It is clear from this chapter that international interest in corruption is only some two decades old. In that time, the anti-corruption movement has grown almost exponentially. However, this development has attracted criticism from some quarters, for two main reasons.

First, some accuse the international anti-corruption movement—or at least part of it—of 'cultural imperialism'. There is no question that some aspects of the movement are highly intrusive, and interfere with a country's sovereignty. But it should be acknowledged that this is often done because of the perceived high levels of corruption in that country, about which many of its citizens are angry, but feel helpless to do anything. Surveys reveal that the general public is often grateful to outside agencies for pressuring its elites to become less corrupt, especially if this means that foreign aid will flow to those who most need it.

Second, a growing number of critics, most of them academics, claim that the fight against corruption has resulted in the emergence of an anti-corruption 'industry' that has a vested interest in creating as many new jobs in anti-corruption as possible and making the corruption situation appear as dire as it can. If anti-corruption NGOs and state-sponsored ACAs are highly successful in reducing corruption, the critics maintain, they may appear to have made themselves redundant, and will lose funding or even be disbanded. In a sense, then, the anti-corruption industry is being accused of itself being corrupt.

There is unquestionably some truth to this argument. Yet it cannot go unchallenged. For instance, only if it is assumed that corruption has been finally eradicated, or, more realistically, *permanently* reduced to 'manageable' levels, does the argument about the superfluity of anti-corruption bodies hold. In the real world, corruption is constantly reappearing in various guises, and disbanding agencies designed to combat it is likely to result in its renewed growth.

There is thus a real danger of throwing the baby out with the bathwater when criticizing the anti-corruption industry. While it is vital to ensure that anti-corruption bodies are efficient, answerable, and transparent, the many negative—sometimes fatal—effects of corruption must never be forgotten. Too many commentators are strident critics, yet make few if any positive proposals for combating a very real problem.

So what works?

Having considered in this and the previous chapter many of the methods available for combating corruption, we can now address what is in many ways the most important question—which methods are the most effective? Unfortunately, every method outlined has its drawbacks; space limitations require selectivity in analysing these, and we shall here concentrate on the effectiveness of international efforts, since several domestic approaches were assessed in the previous chapter. Have the numerous conventions, etc. had any noticeable effect, or are they in practice little more than rhetoric?

Despite the various EU and CoE targeted programmes, corruption remains a serious problem in most post-communist countries. Moreover, the first ever *European Union Integrity System* report, published in 2014, made it clear that EU institutions remain susceptible to corruption because of loopholes in regulations and poor implementation of ethics policies.

According to a 2013 official report on the implementation of the OECD anti-bribery convention, '30 of the 40 countries signed up to the convention are barely investigating and prosecuting foreign bribery, considering the large value of their exports', which is a depressing finding. While Japan has ratified the convention, it has been criticized on various occasions for doing too little in practice. And while the UK has now been praised for its particularly tough stand against corporate bribery in its 2010 legislation, it had previously been criticized for doing very little in terms of implementing the OECD Convention.

Moreover, there is a real danger of backsliding here. In the first decade after the introduction of the OECD Convention, the US and Germany proved to be particularly good citizens (and by 2013 had been joined by the UK and Switzerland), in the sense of using their Convention-based laws to prosecute a relatively large number of companies. But, as TI often points out in its annual assessments of the implementation of the OECD Convention, if 'good guys' like the US and Germany see other countries getting away with doing very little to abide by their Convention commitments, they will surely ask themselves sooner or later if it is fair for them to punish their own companies, and thereby hand business to firms from states that are essentially paying lip service to the Convention. If the answer is negative, they may stop being model citizens.

In the case of UNCAC, the monitoring process is very recent, beginning with a five-year 'first review cycle' in 2010; since this is not due for completion until 2015, it is too early to determine its success. But when it is recalled that UNCAC has been in effect since 2005, one must question why it takes so long to evaluate its effectiveness. Moreover, some of the world's leading trading nations—notably Germany and Japan—have not even ratified UNCAC yet. And just how powerful is UNCAC anyway? In theory, states that *have* ratified it can be taken to court (the UN's International Court of Justice) for non-compliance; in practice, the ICJ has essentially no enforcement power.

Turning to the World Bank's considerable efforts—it has already been shown how its tracking surveys can substantially reduce corruption. But a major criticism it has faced in the past is that its tough policy on cancelling projects in which it has detected significant corruption hurts those most in need of its assistance. Another issue is that its debarment list mostly targets individuals and small companies; it seems that powerful TNCs often get away with misconduct in a way that relatively powerless firms and individuals cannot. And a 2011 internal review of the bank's anti-corruption efforts reported mixed results. While there had been some success in strengthening ACAs in many countries, the report found that the bank was falling far short of its own anti-corruption objectives.

Do all these disappointing facts mean that the fight against corruption since the 1990s has in essence been a waste of time and effort? There are certainly some 'big names' in corruption studies who come close to arguing this. Thus the man who was at one time in charge of corruption and governance analysis at the World Bank, Daniel Kaufmann, concluded in 2005 that a decade of global anti-corruption efforts had little to show, and in 2009 described the effort being made to combat corruption as 'tepid'. In introducing the 2013 CPI, TI Chair Huguette Labelle pointed out that 'The Corruption Perceptions Index 2013 demonstrates that all countries still face the threat of corruption at all levels of government, from the issuing of local permits to the enforcement of laws and regulations'; according to that CPI, almost 70 per cent of countries scored below 50 (in the 0–100 scale), suggesting high levels of corruption in them.

Despite these depressing results and the criticisms, there are *some* encouraging signs. In a 2014 book, Michael Johnston pointed out:

> That they—we—are still searching for ways to control corruption in diverse societies does not mean the movement has failed: after all, a generation ago corruption was not even widely discussed... Today's heightened awareness, in itself, is a major accomplishment.

Moreover, while there is unquestionably some truth in U4's (website) claim that 'Evidence on what works and why is sparse in anti-corruption', comparative analysis has revealed *some* guidelines that should be adhered to everywhere if anti-corruption is to progress. One of the most obvious lessons is that the question of whether 'many hands make light work' or 'too many cooks spoil the broth' can now be answered; as Jon Quah has pointed out, the Singaporean and Hong Kong SAR successes in fighting corruption are to no small extent related to the fact that they both have single, powerful, and independent ACAs. Where there are multiple agencies, there are usually overlapping and often conflicting responsibilities, which result in problems of coordination and buck-passing; there are typically also huge inefficiencies and wasted resources.

Many analysts maintain that the ultimate success or otherwise of anti-corruption measures depends on political will. This point is persuasive as far as it goes, but needs to be unpacked and expanded. For instance, *whose* will are we talking about? Many cultures and languages have the phrase 'a fish rots from the head', meaning that corruption will be worse where the political elite sets a bad example. In this sense, it might seem that the will of the leadership is all-important. But while this is crucial, it is not the only will that matters. A leadership may be genuinely committed to fighting corruption, but nevertheless have insufficient control over its own bureaucracy to turn this commitment into reality. Moreover, in a neo-liberal globalized world, there is a limit to the power of political leaders to control TNCs.

So we can now refine the point about political will. Political leaderships must not only be genuinely committed, i.e. have the political will to combat corruption, but must also have the *capacity* to implement their will. In addition, the numerous parties involved—state officials, the corporate sector, IOs, civil society, and individual members of the public—also need to have the will to combat corruption. The relative weight of the role to be played by each of these actors varies, and will do so from country to country. Nevertheless, each has an important role.

In Chapter 6, it was pointed out that corruption is a wicked problem. It will never completely disappear: as Tacitus noted centuries ago, almost as soon as legislators produce new laws to combat fraud and corruption, the dishonest devise ways to circumvent them. But corruption appears to be much less of a problem in some countries than in others: for example, small affluent states with a robust democracy, a strong commitment to the rule of law, high levels of trust, and a well-developed civil society apparently have less corruption, which demonstrates that it can be reduced to manageable levels.

Nevertheless, the short-term outlook is not bright. The rule of law and a vibrant civil society are both associated with well-functioning democracies. While the World Justice Project's *WJP Rule of Law Index* for 2014 suggested that the corruption situation had improved slightly over the previous year, what is now arguably the most authoritative guide to the overall level of democracy around the world, the Economist Intelligence Unit's *Democracy Index* (almost annual since 2007) had the subtitles 'Democracy under Stress' and 'Democracy at a Standstill' for the 2011 and 2012 editions respectively. Moreover, that the essentially amoral neo-liberal ideology, with its emphasis on ends over means and blurring of the distinctions between the state and the market, still dominates the global economy—despite the hopes of scholars such as Colin Crouch that the Global Financial Crisis would change this—bodes ill. There is still a long way to go in the fight against corruption.

Further reading

General

Almost all IO and NGO documentation cited in this book is freely available on the internet, and only sources that might be difficult to locate without full publication details are included here, along with sources not referred to in the text that should be particularly useful to newcomers. An excellent general introduction to corruption is C. Fletcher and D. Herrmann, *The Internationalisation of Corruption* (Gower, 2012), while an older standard work is A. Heidenheimer and M. Johnston (eds.), *Political Corruption*, 3rd edn. (Transaction, 2001). Readers particularly interested in economic aspects of corruption should see the two-volume collection edited by Susan Rose-Ackerman (the 2nd volume co-edited with Tina Søreide), the *International Handbook on the Economics of Corruption* (Elgar, vol. 1, 2006, vol. 2, 2011). An older but still invaluable collection that covers both theoretical approaches and the situation in many countries of the world is the four-volume collection edited by R. Williams and various co-editors, *Corruption in the Developing World* (with R. Theobold), *Corruption in the Developed World* (with J. Moran and R. Flanary), *Controlling Corruption* (with A. Doig) and, without a co-editor, *Explaining Corruption* (all four volumes published by Elgar, 2000). For broad analyses covering regions and continents see C. Blake and S. Morris (eds.), *Corruption and Democracy in Latin America* (University of Pittsburgh Press, 2009); D. Della Porta and Y. Mény (eds.), *Democracy and Corruption in Europe* (Pinter, 1997); J. Hatchard, *Combating Corruption* (Elgar, 2014; on Africa); L. Holmes, *Rotten States?* (Duke University Press, 2006; on post-Communist transition states); T. Lindsey and H. Dick (eds.), *Corruption in Asia* (Federation Press, 2002); Ting Gong and S. Ma (eds.), *Preventing Corruption in Asia* (Routledge, 2009); C. Warner, *The Best System Money Can Buy* (Cornell University Press, 2007; on the European Union): there is room for a comparative collection on the Middle East, but a starting point is H. Askari, S. Rehman, and N. Arfaa, *Corruption and its Manifestation in the Persian Gulf* (Elgar, 2010). For a recent collection that, *inter alia*, focuses on corruption in different sectors and branches, see A. Graycar and R. Smith (eds.), *Handbook of Global Research and Practice in Corruption* (Elgar, 2011). The single most useful journal on corruption is *Crime, Law and Social Change*, while an invaluable website is Transparency International's.

Chapter 1: What is corruption?

Two of the best introductions to the problems of defining corruption are M. Philp in *Political Studies*, 45 (3), 1997: 436–62 and K. Sass Mikkelsen in *Crime, Law and Social Change*, 60 (4), 2013: 357–74. On corruption's role in the collapse of the Roman Empire see R. MacMullen, *Corruption and the Decline of Rome* (Yale University Press, 1990), while for Roman, Ancient Greek, and other interpretations of corruption to the late 18th century see B. Buchan and L. Hill, *An Intellectual History of Political Corruption* (Palgrave Macmillan, 2014). The best analysis of *blat* is A. Ledeneva's *Russia's Economy of Favours* (Cambridge University Press, 1998); on *guanxi*, see T. Gold, D. Guthrie, and D. Wank (eds.), *Social Connections in China* (Cambridge University Press, 2002). Arnold Heidenheimer's threefold distinctions are in A. Heidenheimer (ed.), *Political Corruption* (Holt, Rinehart and Winston, 1970): 3–28. The World Bank definitions of 'state capture' and 'administrative corruption' are from J. Hellman, G. Jones, and D. Kaufmann, *World Bank Policy Research Working Papers*, no. 2444, 2000, while Rasma Karklins' typology is in her book *The State Made Me Do It* (M. E. Sharpe, 2005). For a standard analysis of the history of bribery see J. Noonan, *Bribes* (University of California Press, 1987).

Chapter 2: Why corruption is a problem

Many of the effects of corruption outlined in this chapter are analysed in detail in S. Rose-Ackerman, *Corruption and Government* (Cambridge University Press, 1999). The 1998 IMF Working Paper on corruption and inequality cited is S. Gupta, H. Davoodi, and R. Alonso-Terme, 'Does Corruption Affect Income Inequality and Poverty?'; an updated version is in *Economics of Governance*, 3 (1), 2001: 23–45. A more detailed analysis of the links between corruption and inequality (and trust) is Eric Uslaner's *Corruption, Inequality and the Rule of Law* (Cambridge University Press, 2008). The article by Osita Agbu is in *West Africa Review*, 4 (1), 2003: 1–13; further analyses of corruption's role in human trafficking are by S. Zhang and S. Pineda, in D. Siegel and H. Nelen (eds.), *Organized Crime: Culture, Markets and Policies* (Springer, 2008): 41–55; and K. Skrivankova, G. Dell, E. Larson, M. Adomeit, and S. Albert, *The Role of Corruption in Trafficking in Persons* (UNODC, 2011). A useful introduction to corruption in the 'legitimate' arms trade is A. Feinstein, *Shadow World* (Penguin, 2012). Those interested in corporate misconduct in the US could start with M. Clinard and P. Yeager, *Corporate Crime* (Free Press, 1980; rev. edn. 2005) or the more recent A. Huffington, *Pigs at the Trough* (Three Rivers, 2009); for broader coverage see H. Pontell and G. Geis (eds.), *International Handbook of White-Collar and Corporate Crime* (Springer, 2010). The relationship between corruption and economic crises is analysed by L. Holmes, in R. Pettman (ed.), *A Handbook of International Political Economy* (World Scientific Publishing, 2012): 211–28. On the connection between buildings collapsing and corruption, see N. Ambraseys and R. Bilham in *Nature*, 469 (7329), 2011: 153–5. On corruption and the environment, two useful sources are *Corruption, Environment and the United Nations Convention against Corruption* (UNODC, 2012) and L. Pellegrini, *Corruption, Development and the Environment* (Springer, 2011). Paolo Mauro's article is in *Quarterly Journal of Economics*, 110 (3), 1995: 681–712, while S.-J. Wei's is in *The Review of Economics and Statistics*, 82 (1), 2000: 1–11. Wei's approach has been challenged by Barry Hindess, in L. de Sousa, P. Larmour, and B. Hindess (eds.), *Governments, NGOs and Anti-Corruption* (Routledge, 2009): 19–32. Readers interested in corruption and party financing (mainly in established democracies) should see I. McMenamin, *If Money Talks, What Does it Say?* (Oxford University Press, 2013). The Frank Vogl reference is from his *Waging War on Corruption* (Rowman and Littlefield, 2012). On corruption (broadly understood) in soccer see D. Hill, *The Insider's Guide to Match-Fixing in Football* (Anne McDermid, 2013). For the 1960s revisionist sources cited in the text see the entries by Leff, Nye, Huntington, and Leys in Heidenheimer and Johnston 2001 (cited previously). Ivan Krastev's argument is in *East European Constitutional Review*, 7 (3), 1998: 56–8, while that of Manzetti and Wilson is in *Comparative Political Studies*, 40 (8), 2007: 949–70. Klitgaard's approach is in his book *Controlling Corruption*, 2nd edn. (University of California Press, 1991; 1st edn. 1988).

Chapter 3: Can we measure corruption?

Two comprehensive analyses of the methods used for measuring corruption are C. Sampford, A. Shacklock, C. Connors, and F. Galtung (eds.), *Measuring Corruption* (Ashgate, 2006) and R. June, A. Chowdhury, N. Heller, and J. Werve, *A User's Guide to Measuring Corruption* (UNDP, 2008). Moisés Naím's article is in *Brown Journal of World Affairs*, 2 (2), 1995: 245–61. On PETS in Uganda and Tanzania see G. Sundet in *U4 Issue*, 8, 2008, while the methodology of tracking surveys is explained in R. Reinikka and J. Svensson, *World Bank Policy Research Working Paper*, 3071, 2003. On the latest developments in and advocacy of the proxy method see J. Johnsøn and P. Mason, *U4 Brief*, 2, 2013. A valuable study of experimentation for measuring and classifying corruption is D. Serra and L. Wantchekon, *New Advances in Experimental Research on Corruption* (Emerald, 2012), while a highly innovative experiment relating explicitly to money-laundering is M. Findley, D. Nielson, and J. Sharman, *Global Shell Games* (Cambridge University Press, 2014).

Chapter 4: Psycho-social and cultural explanations

The classic analysis of structuration theory is A. Giddens, *The Constitution of Society* (Polity, 1984). The 'sucker mentality' is discussed in J. Finckenauer and E. Waring, *Russian Mafia in America* (Northeastern University Press, 1998), while the original version of opportunity theory is in R. Cloward and L. Ohlin, *Delinquency and Opportunity*, 2nd edn. (Free Press, 1963). Still the best analysis of rational choice theory is D. Green and I. Shapiro's *Pathologies of Rational Choice Theory* (Yale University Press, 1994). For the original version of labelling theory see H. Becker, *Outsiders*, updated edn. (Free Press, 1973), while the closely related shaming theory is in J. Braithwaite, *Crime, Shame and Reintegration* (Cambridge University Press, 1989). The original version of control theory outlined here is from T. Hirschi, *Causes of Delinquency* (University of California Press, 1969); the later general theory of crime is in

M. Gottfredson and T. Hirschi, *A General Theory of Crime* (Stanford University Press, 1990). There is a brief overview of historical and other cultural explanations of corruption in R. Goel and M. Nelson, *BOFIT Discussion Papers*, no. 6 (Bank of Finland Institute of Economies in Transition, 2008). For statistically-based analyses of the weak relationship between religion and corruption see D. Treisman in *Journal of Public Economics*, 76 (3), 2000: 399–457 and R. LaPorta, F. Lopez-de-Silanes, A. Shleifer, and R. Vishny in *Journal of Law, Economics and Organization*, 15 (1), 1999: 222–79. The work cited from Gardner is in *Economic History of Developing Regions*, 25 (2), 2010: 213–36, while another analysis of the relationship between the colonial legacy and corruption can be found in the Treisman article cited previously. On the effect of legal cultures on corruption see S. Rose-Ackerman, in D. Rodriguez and L. Ehrichs (eds.), *Global Corruption Report 2007* (Cambridge University Press, 2007): 15–24. The Ledeneva quotation cited is from her 1998 book cited previously. The article by Fisman and Miguel is in *Journal of Political Economy*, 115 (6), 2007: 1020–48. Sajó's argument is in *East European Constitutional Review*, 7 (2), 1998: 37–46, while a good example of the 'underworld'/'upperworld' distinction is Vincenzo Ruggiero's *Organized and Corporate Crime in Europe* (Dartmouth, 1996). Works on corruption by Syed Hussein Alatas include *Corruption* (Avebury, 1990) and *Corruption and the Destiny of Asia* (Prentice-Hall, 1999). A standard critique of the cultural approach to explaining miscreant behaviour is J. Ferrell, K. Hayward, and J. Young, *Cultural Criminology* (Sage, 1998).

Chapter 5: System-related explanations

The arguments and data-sources cited in this chapter concerning the relationship between government involvement in the economy and corruption are V. Tanzi, in *Finance & Development*, 32 (4), 1995: 24–6; J. Gerring and S. Thacker, in *International Organization*, 59 (1), 2005: 233–54; K. Schwab, *The Global Competitiveness Report 2012–2013* (World Economic Forum, 2012); D. Hall, in *Development in Practice*, 9 (5), 1999: 539–56; K. Ohmae, *The Borderless World*, rev. edn. (HarperBusiness, 1999); R. Klitgaard, *Controlling Corruption* (cited previously), and, for the formulaic version, *Finance and Development*, 35 (1), 1998: 3–6. The case of the Indian tax collectors is referred to in D. Mookherjee and I. Png, *Economic Journal*, 105 (428), 1995: 145–59. For dismissal of the notion that larger government necessarily means more corruption see R. LaPorta, F. Lopez-de-Silanes, A. Shleifer, and R. Vishny, *Journal of Law, Economics and Organization*, 15 (1), 1999: 222–79, while the connections between corruption and outsourcing are considered in J. O'Looney, *Outsourcing State and Local Government Services* (Quorum, 1998). On the relationship between globalization and corruption, with particular reference to money-laundering, see L. Cockcroft, *Global Corruption: Money, Power and Ethics in the Modern World* (Tauris, 2012). On the relationship between GDP per capita and corruption see You Jong-sung and Sanjeev Khagram in *American Sociological Review*, 70 (1), 2005: 136–57. The connections between corruption and international trade are considered in P. Dutt, *Canadian Journal of Economics*, 42 (1), 2009: 155–83. The reference cited concerning government size is G. Kotera, K. Okada, and Sovannroeun Samreth, *Economic Modelling*, 29 (6), 2012: 2340–8. Hellman and Kaufmann's point is in *Finance and Development*, 38 (3), 2001: 1–8; alternative views on the relationship between business and government can be found in S. Rose-Ackerman's 1999 book (cited previously), and D. Bowser, in D. Lovell (ed.), *The Transition* (Ashgate, 2002): 80–95. A counter-intuitive but interesting analysis relating current corruption levels to educational levels in 1870 is E. Uslaner and B. Rothstein, *Quality of Government Working Paper*, no. 2012/5 (Gothenburg, 2012). The articles cited on the relationship between gender and corruption are D. Dollar, R. Fisman, and R. Gatti, in *Journal of Economic Behavior & Organization*, 46 (4), 2001: 423–9; and H.-E. Sung, in *Crime, Law and Social Change*, 58 (3), 2012: 195–219. The Treisman quotation is from *Annual Review of Political Science*, 10, 2007: 211–44.

Chapter 6: What can states do?

For a substantial, if slightly dated, collection on combating corruption see R. Williams and A. Doig (eds.), *Controlling Corruption* (Elgar, 2000), while the even older single authored *Controlling Corruption* by R. Klitgaard (cited previously) remains a standard work.

On Singapore and Hong Kong SAR(as well as other places with low levels of corruption) see J. Quah (ed.), *Different Paths to Curbing Corruption* (Emerald, 2013). On the Filipino case see W. Cragg and W. Woof, in W. Cragg (ed.), *Ethics Codes, Corporations and the Challenge of*

Globalization (Elgar, 2005): 1–43, while those interested in how miscreant corporations could be better controlled might start with S. Simpson, *Corporate Crime, Law, and Social Control* (Cambridge University Press, 2002). The notion that higher salaries lead to less corruption is challenged in the article by LaPorta et al. cited previously. The German rotation experiment is analysed in K. Abbink, *European Journal of Political Economy*, 20 (4), 2004: 887–906, while the research conducted in India is described by F. de Zwart, in H. Bakker and N. Schulte Nordholt (eds.), *Corruption and Legitimacy* (SISWO, 1996): 53–64. Olken's experiment in Indonesia is summarized in *Journal of Political Economy*, 117 (2), 2007: 200–49. On anti-corruption campaigns, mainly in developing and transition states, see S. Bracking (ed.), *Corruption and Development* (Palgrave Macmillan, 2007), although the contributors often adopt a broader approach to 'campaigns' than that adopted here.

For the argument that equally balancing male and female officers is the optimal arrangement see R. Mukherjee and O. Gokcekus, in R. Hodess, T. Inowlocki, D. Rodriguez, and T. Wolfe (eds.), *Global Corruption Report 2004* (Pluto, 2004): 337–9, while the claim that more women in politics reduces corruption is in D. Dollar et al. (2001), cited previously and A. Mason and E. King, *Engendering Development through Gender Equality in Rights, Resources, and Voice* (World Bank, 2001). Sung's challenge to this argument is in his 2012 article already cited. For Corsianos' argument, see *The Complexities of Police Corruption* (Rowman and Littlefield, 2012). On the Georgian anti-corruption efforts see A. Alam and V. R. Southworth (with others), *Fighting Corruption in Public Services: Chronicling Georgia's Reforms* (World Bank, 2012). The Peruvian police experiment and experience is analysed in S. Karim, *Americas Quarterly*, 5 (3), 2011: 42–6, while Bogotá's 'mime' experiment is described in R. Fisman and E. Miguel, *Economic Gangsters* (Princeton University Press, 2010).

Chapter 7: What else can be done?

On the role of various international agents covered in this chapter see S. Rose-Ackerman and P. Carrington (eds.), *Anti-Corruption Policy* (Carolina Academic Press, 2013). Useful overviews of many of the themes covered in Chapters 6 and 7 are F. Vogl's 2012 book (cited previously), and N. Kochan and R. Goodyear, *Corruption* (Palgrave Macmillan, 2011). The critical article by Peter Eigen is in *TI Q*

(September 2003: 1), while the more upbeat items mentioned are P. Ala'I, in *Loyola University Chicago International Law Review*, 6 (1), 2008–9: 259–78 and P. M. Nichols in *New York University Journal of International Law and Politics*, 28 (4), 1996: 711–84. On the World Bank's anti-corruption efforts by 2008 see Independent Evaluation Group, *Public Sector Reform: What Works and Why?* (World Bank, 2008): 58–65. A valuable study of how the role of donor countries and IOs in supporting domestic ACAs in developing countries could be improved is by A. Doig, D. Watt, and R. Williams in *U4 Report*, May 2005 (online). Tiffen's analysis of the roles of the media is in *Scandals, Media and Corruption in Contemporary Australia* (University of New South Wales Press, 1999), while Vogl's book is detailed above. Critical analyses of the anti-corruption 'industry' can be found in D. Kennedy, in *Connecticut Journal of International Law*, 14 (2), 1999: 455–65; B. Michael and D. Bowser, *The Evolution of the Anti-Corruption Industry in the Third Wave of Anti-Corruption Work* (bepress, 2009); L. de Sousa, P. Larmour, and B. Hindess (2009, cited previously); and S. Sampson, in *Global Crime*, 11 (2), 2010: 261–78. An interesting variant on this is F. Anechiarico and J. Jacobs, *The Pursuit of Absolute Integrity* (University of Chicago Press, 1996). For up-to-date analysis and assessment of the OECD Convention see M. Pieth, L. Low, and N. Bonucci (eds.), *The OECD Convention on Bribery*, 2nd edn. (Cambridge University Press, 2014). Kaufmann's 2005 assessment is in *Finance and Development*, 42 (3), September 2005 (online), while his 'tepid' remark is in *Development Outreach*, February 2009: 26–9. On the need to tailor approaches to specific contexts see J. E. Campos and S. Pradhan (eds.), *The Many Faces of Corruption* (World Bank, 2007); M. Johnston, *Syndromes of Corruption* (Cambridge University Press, 2005) and *Corruption, Contention and Reform* (Cambridge University Press, 2014); the quote in this chapter is from the latter. The argument that neo-liberalism was *not* seriously challenged by the Global Financial Crisis is in Colin Crouch's *The Strange Non-Death of Neoliberalism* (Polity, 2011).

“牛津通识读本”已出书目

古典哲学的趣味
人生的意义
文学理论入门
大众经济学
历史之源
设计，无处不在
生活中的心理学
政治的历史与边界
哲学的思与惑
资本主义
美国总统制
海德格尔
我们时代的伦理学
卡夫卡是谁
考古学的过去与未来
天文学简史
社会学的意识
康德
尼采
亚里士多德的世界
西方艺术新论
全球化面面观
简明逻辑学
法哲学：价值与事实
政治哲学与幸福根基
选择理论
后殖民主义与世界格局

福柯
缤纷的语言学
达达和超现实主义
佛学概论
维特根斯坦与哲学
科学哲学
印度哲学祛魅
克尔凯郭尔
科学革命
广告
数学
叔本华
笛卡尔
基督教神学
犹太人与犹太教
现代日本
罗兰·巴特
马基雅维里
全球经济史
进化
性存在
量子理论
牛顿新传
国际移民
哈贝马斯
医学伦理
黑格尔

地球
记忆
法律
中国文学
托克维尔
休谟
分子
法国大革命
丝绸之路
民族主义
科幻作品
罗素
美国政党与选举
美国最高法院
纪录片
大萧条与罗斯福新政
领导力
无神论
罗马共和国
美国国会
民主
英格兰文学
现代主义
网络
自闭症
德里达
浪漫主义

批判理论	德国文学	儿童心理学
电影	戏剧	时装
俄罗斯文学	腐败	